Heidelberg

Von Matthias F

Reclam

In Kooperation mit Heidelberg Marketing

RECLAMS UNIVERSAL-BIBLIOTHEK Nr. 14253
2022 Philipp Reclam jun. Verlag GmbH,
Siemensstraße 32, 71254 Ditzingen
Umschlagabbildungen (Heidelberg, die Alte Brücke im Nebel, im Hintergrund das Brückentor und – auf der hinteren Klappe – SkyLabs-Gebäude in der Bahnstadt): © Heidelberg Marketing, Fotos: Tobias Schwerdt
Druck und Bindung: Eberl & Koesel GmbH & Co. KG,
Am Buchweg 1, 87452 Altusried-Krugzell
Printed in Germany 2022

ISBN 978-3-15-014253-0
www.reclam.de

Inhalt

Anhang

Heidelberg – Wiege der Romantik

Wo der Neckar den Odenwald verlässt und in die Ebene fließt, dem Rhein entgegen, wacht das Schloss über die Stadt, flankiert von 300 m hohen Gipfeln, die »Heiligenberg« und »Königstuhl« heißen. Andreas Gryphius verglich sie mit dem Parnass, und Johann Wolfgang von Goethe pries das Zusammenspiel von Architektur und Natur als »etwas Ideales«. Friedrich Hölderlin empfand Heidelberg als »der Vaterlandsstädte Ländlichschönste« und erinnerte sich lange: Seine berühmte Ode entstand erst Jahre nach seinen kurzen Besuchen. Joseph von Eichendorff und Jean Paul besangen die Stadt, Wilhelm Trübner und William Turner malten sie. Seither gelten Heidelberg und die umgebende Landschaft als Wiege der deutschen Romantik. Und als Stadt, in der man schnell sein Herz verliert, wie alte Schlager und junge Hip-Hop-Songs behaupten.

Das Wilde, mythisch Verwunschene, efeuumwuchert Geheimnisvolle, ja in den Fluten der Zeit leicht Verschlafene hat sich indes abgeschliffen. Der Fluss ist durch Staustufen gebändigt, die bröckelige Schlossruine ist baulich gesicherter Touristenmagnet. Doch die Stadt, die in die Rheinebene hinauswächst, hat sich zwischen den Bergen etwas Unergründliches bewahrt – allen Strommasten, Kraftwerken und Autobahnen zum Trotz, die man vom Schlossaltan aus in der Ferne wahrnimmt. Die bewaldeten Hügel, der Neckar und der offene Blick nach Westen, der Haardt und der untergehenden Sonne entgegen … Manchem wurde da das Herz schon weit. Mehr als 11 Millionen Besucher mit ca. 1,6 Millionen Übernachtungen (so im Jahr 2019) zeugen davon, dass immer noch eine magische Wirkung von dieser Landschaft ausgeht. Kein Wunder, dass sich hier schon früh Menschen ansiedelten. Das früheste Zeugnis ihrer Präsenz ist ca. 600 000 Jahre alt und eines der ältesten in Europa: zwar nur ein Unterkiefer – aber was für einer!

Ein kraftvolles Kauwerkzeug, 1907 entdeckt in einer Kiesgrube im nahen Odenwald. Die jüngeren Neandertaler stammen auch von diesem »Homo heidelbergensis« ab.

Kelten besiedelten den Heiligenberg, Römer bauten Kastelle zur Sicherung einer Flussquerung. Später hinterließen Merowinger Reihengräber, und Hunnen, Franken und Nibelungen durchzogen die Gegend: »Siegfried-Brunnen« sind im Odenwald viele zu finden. Unweit liegen Worms und Speyer mit ihren mächtigen Domen. Am Neckar gab es zunächst nur kleine Siedlungen. Sie sind im *Lorscher Codex* bereits Mitte des 8. Jh.s erwähnt: Das nördlich gelegene Kloster Lorsch diente Karl dem Großen als Königspfalz. Schenkungen machten es reich. Sein Güterverzeichnis vermerkt die Ortsnamen Neuenheim, Handschuhsheim, Wieblingen, Bergheim und Rohrbach – nur einen nicht: Heidelberg. Die Siedlung am Fuße des Königstuhls wird als »Heidelberch« erst 1196 im Kloster Schönau erwähnt, als Stadt »Heidelbe-« kommt sie erst 1225 vor. Die Herkunft des Namens leitet sich möglicherweise von der Heidelbeere in Verbindung mit dem keltischen »Heiden-Berg« ab. Sicher ist das aber nicht.

Wenn die hiesigen Siedlungen auch klein waren, sie standen im Einflussbereich mächtiger Herrscher: Konrad von Hohenstaufen, Halbbruder des Stauferkaisers Barbarossa, wurde 1156 die »Pfalzgrafschaft bei Rhein« übertragen. Er baute hier um 1180 eine strategisch wichtige Burg. Rasch wuchs der Ort am Fluss, der diese versorgen musste, zu einem staufischen Machtzentrum heran. Von dieser ersten Befestigung der Kernaltstadt ist nur noch der »Hexenturm« sichtbar. Der Aufschwung kam mit Ludwig I. (Pfalzgraf 1214–28), aber erst seine Nachfolger verlagerten ihre politischen Geschäfte ganz hierher. Ruprecht I. (Pfalzgraf 1353–90) erhob die Stadt zu seinem Herrschaftsmittelpunkt, nachdem die reichsrechtliche Stellung der Kurpfalz durch die *Goldene Bulle* von 1356 gestärkt worden war. Heidelberg wurde nun zur Residenzstadt und mit der Wahl Kurfürst Ruprechts III. zum deutschen König Ruprecht I. (1400) vorübergehend auch zur Hauptstadt des Reiches. Die alte Burg war bald zu klein und der Weg hinauf ohnehin recht beschwerlich. Bereits im 13. Jh. gab es daher auf dem tiefer gelegenen Felsvorsprung »Jettenbühl« eine zweite Festung – sie entwickelte sich zu jenem Schloss, von dem wir heute die Ruinen bestaunen.

Sobald Heidelbergs Status gefestigt und hier 1386 die Universität gegründet worden war, begann eine rege Bautätigkeit. Neben Fischfang und Landwirtschaft zur Versorgung des Hofs war der Wein die Haupteinnahmequelle. Das bezeugen die legendären Großen Fässer im Keller des Schlosses. Mit dem Auftreten Martin Luthers 1518 erhielt die Reformation Auftrieb in der Kurpfalz, doch erst Ottheinrich (Pfalzgraf-Kurfürst 1556–59) führte den Protestantismus als Staatsreligion ein. Er stiftete einen Neubau im Schloss, der als erster Renaissancepalast nördlich der Alpen gilt, und erweiterte die »Bibliotheca Palatina« um eigene Schätze: Allein die berühmte *Manessische Liederhandschrift* (*Codex Manesse*, um 1300) befindet sich heute wieder in Heidelberg, der Rest dieser bedeutenden Büchersammlung wurde 1622 nach Rom verschafft. Zum Glück, denn die verheerenden Brände und Plünderungen der folgenden Jahrhunderte hätten diese wertvollen Handschriften kaum verschont.

Religiöse Streitfragen verschärften sich, als Friedrich III. »der Fromme« mit dem *Heidelberger Katechismus* von 1563 weitreichende Dispute und heftige Bilderstürme in den Kirchen auslöste: Die Papsttreuen sahen sich verunglimpft, was bald zu militärischen Auseinandersetzungen führte und im Dreißigjährigen Krieg (1618–48) mündete. Heidelberg stand im Zentrum der Glaubenskämpfe, als sich der junge Friedrich V., politisch klug vermählt mit der Tochter des englischen

Königs, entschloss, die ihm angebotene böhmische Krone anzunehmen. Da sahen sich die Habsburger gezwungen, zu den Waffen zu greifen. Der böhmische »Winterkönig« floh mit Familie in die Niederlande und kehrte nie wieder zurück.

Sein Sohn Karl Ludwig ging 1649 gegen den hiesigen Bevölkerungsrückgang vor und bot Fremden wirtschaftliche Anreize und Religionsfreiheit. Auch Juden durften sich wieder ansiedeln, die Mitte des 14. Jh.s erstmals vertrieben worden waren. Das ließ Stadt und Umland wieder erblühen. Doch die positive Entwicklung hielt nicht lange. Die Weltpolitik trug dazu bei, denn mit der erneuten Bedrohung Wiens durch die Osmanen (1683) richtete sich die ganze Aufmerksamkeit der »Heiligen Liga« nach Osten, während der französische »Sonnenkönig« Louis XIV. auf die Kurpfalz schielte. Eine erneute Friedensheirat hielt nicht, was man sich von ihr versprochen hatte: Die Heidelberger Prinzessin Elisabeth Charlotte, genannt Liselotte von der Pfalz, wurde 19-jährig mit dem Bruder des Sonnenkönigs vermählt. Ihre Sehnsucht nach der kurpfälzischen Heimat war wie ihre kraftvoll-unverstellte Korrespondenz Legende. Der französische König nahm ihr Erbe zum Vorwand für die Annexion. Im Zuge seiner Feldzüge wurden Speyer, Worms und Heidelberg verwüstet, die linksrheinischen Dome und das Schloss über dem Neckar brannten aus: Die Heidelberger »Schlossbeleuchtungen«, pyrotechnische Sommerbelustigungen mit Volksfestcharakter, erinnern alljährlich an das grausige Schauspiel von damals.

Endgültig zerstört wurde die Stadt 1693, und das Schloss mit nun deutlich sichtbaren Wunden wurde geschleift. Vom mittelalterlichen Heidelberg blieb kaum etwas übrig: Das historische Gerberbachviertel im nahen Weinheim oder die Altstadt von Ladenburg können eine Vorstellung davon geben, wie es auch hier zuvor ausgesehen hat. Johann Wilhelm, in Düsseldorf residierend, nahm die Wiederbelebung der »gänzlich verbrannten, zerstörten und versengten Residenzstadt« mit einem Privileg 1698 in Angriff: Neue Häuser sollten ganz aus Stein errichtet werden, Fachwerk wurde verboten. Die Stadt erstand neu – in barockem Gewand. Aber die mittelalterliche Struktur wurde beibehalten: Planquadrate wie später in Mannheim oder Straßenfächer wie in Karlsruhe waren hier aufgrund der Topographie nicht zu realisieren.

Johann Wilhelm führte das kirchliche Simultaneum ein, das mehreren Konfessionen die Nutzung der gleichen Kirche gestattete. 1705 wurde die Heiliggeistkirche folglich mit einer Mauer in einen katholischen Chor und ein reformiertes Langhaus geteilt. Der Kompromiss hielt nicht. Obwohl Wiederaufbau und Rekatholisierung der Stadt fortschritten – die *Kornmarktmadonna* zog zahlreiche Hausmadonnen entlang der neuen Bürgerhäuser in der Hauptstraße nach sich –, konnte man sich über grundlegende Glaubensfragen nicht einigen. Karl III. Philipp beharrte auf eine kurfürstlich-katholische Grablege in Heiliggeist. Der Streit eskalierte, Karl ließ die Trennmauer vom Militär einreißen. Der Eklat erregte die Aufmerksamkeit des Kaisers, der den Pfälzer nun zwang, die Scheidewand wiederaufzubauen. Dieser zog die Konsequenz aus dieser Schmach und wechselte 1720 mit dem gesamten Hof ins nahe Mannheim, um dort den Grundstein einer neuen Residenz zu legen.

Der die Kunst und Wissenschaft liebende Kurfürst Karl Theodor residierte zwar am Rhein, erteilte Heidelberg aber 1746 ein neues Stadtprivileg. Er, der Mozart, Gluck und Voltaire empfing, hielt an Heidelberg fest, überlegte sogar, einen Teil der Residenz wieder ins hiesige Schloss zu verlegen – als ein Blitz die Ruine völlig unbewohnbar machte. Zu Beginn des Jahres 1778 musste dann Karl Theodor die Regierungsgeschäfte in München übernehmen und verließ die Region für immer. In Heidelberg erinnern Karlstor und Alte Brücke an den Herrscher. Die Kurpfalz wurde nun von Bayern aus regiert und verwaiste zusehends – als 1796 Revolutionstruppen den Rhein überschritten. Die Lage wurde erneut bedrohlich. Die Stadt wurde besetzt, und nicht nur die Universität erlebte eine tiefe Krise. Nach Napoleons Siegen war die politische Neuorganisation nicht abzuwenden, 1803 war das Ende der Kurpfalz sowie des Heiligen Römischen Reichs deutscher Nation besiegelt. Das Schloss zerfiel und wurde in seiner Bausubstanz nur knapp gerettet. Clemens Brentano und Achim von Arnim waren von der Ruine fasziniert. 1807 verliebte sich Joseph von Eichendorff in die Stadt und in ein Mädchen aus Rohrbachs »Kühlem Grund«. Die Brüder Boisserée mieteten Teile des Palais Sickingen am Karlsplatz und stellten dort ihre Sammlung von »deutschen und niederländischen Altertümern« aus, die Goethe zweimal begeistert aufsuchte. Heidelberg war plötzlich wieder en vogue – aber aus ganz anderem Blickwinkel. Als der französische Flüchtling und Graf Charles François de Graimberg 1810 hier eintraf, war er sofort gefesselt von den Trümmern der Burg und begann nicht nur, sie zu dokumentieren, sondern auch zu verhindern, dass bedeutende Stücke entwendet wurden: Das Schloss war zum öffentlichen Steinbruch geworden. Unterdessen war Napoleons Armee auf dem Rückzug: 1815 nahmen Zar Alexander I. und Kaiser Franz I. von Österreich die Parade der siegreichen Truppen auf dem Karlsplatz ab – und der Zar besuchte seine Schwiegermutter, Markgräfin Amalie von Baden, in ihrem klassizistischen Schlösschen zwischen den südlichen Weinbergen.

1818 zählte die Stadt über 10 000 Einwohner, die Universität befand sich im Aufwind: Friedrich Wilhelm Hegel wurde als Professor berufen, der berühmte Chirurg Maximilian Joseph von Chelius lehrte fast 60 Jahre. Robert Schumann studierte hier 1830 Juristerei, entschied sich dann aber gänzlich für die Musik. Das Hambacher Fest fand 1832 unter Teilnahme zahlreicher national gestimmter, freiheitsliebender Studenten statt, und beim »Turn- und Singfest« 15 Jahre später wurde die schwarz-rot-goldene Fahne über dem Schloss gehisst: Eine Überwachung der Turner-Bewegung war die Folge – und der Bau des Amtsgefängnisses »Fauler Pelz«. Doch auch Professoren engagierten sich politisch und forderten in der »Heidelberger Petition« an den Badischen Landtag 1848 die Volksbewaffnung mit freier Wahl der Offiziere, Freiheit der Presse und Einrichtung von Schwurgerichten sowie eines Nationalen Parlaments. Karl Mittermaier führte den Vorsitz, Ludwig Feuerbach sprach im Rathaussaal, und ein Patriotischer Frauenverein wurde gegründet. Doch der »badische Aufstand« zog die Besetzung der Stadt durch preußische Truppen nach sich. Die Debatten verlagerten sich von der Straße auf die Bühne: Das Städtische Theater wurde 1853 mit Schillers *Braut von Messina* eröffnet.

Mehrere Fabrikgründungen, von denen heute noch einige Bauten erhalten sind, veränderten in der zweiten Hälfte des 19. Jh.s die Vorstadt Bergheim. Eine zweite Neckarquerung sowie die seit 1840 bestehende Bahnverbindung stärkten den Reiseverkehr: Kaiserin Elisabeth von Österreich (»Sisi«), Richard und Cosima Wagner sowie Mark Twain kamen als Urlauber hierher, und Johannes Brahms verbrachte die Sommerfrische im idyllischen Ziegelhausen – inkognito. Auch durch diese weitgereisten Gäste rückte der Wunsch zur Rettung der Schlossruine nach Beispiel der Vollendung des Kölner Doms 1880 ins nationale Bewusstsein. Es gab Pläne für den Wiederaufbau: 1897 begann man mit dem Friedrichsbau, der eine weitgehende Rekonstruktion des Mittelalters nach den Vorstellungen des 19. Jh.s darstellt. Daran entzündete sich eine deutschlandweite Diskussion, die zur Geburtsstunde des modernen Denkmalschutzes führte.

Aber mehr als durch solche wissenschaftlichen Debatten wurde der Name der Stadt um 1901 durch ein Bühnenstück in alle Welt hinausgetragen: Wilhelm Meyer-Försters Komödie *Alt-Heidelberg* war in Berlin ein riesiger Erfolg. Sie prägte das romantisierte Bild der Neckarstadt nachhaltiger als viele reale Gegebenheiten. Sigmund Romberg machte daraus die Operette vom *Student Prince*, und Fred Raymond schuf 1925 schließlich die unsterbliche Schnulze *Ich hab' mein Herz in Heidelberg verloren*, die sich innerhalb eines Jahres 100 000-fach verkaufte. Ähnliche Liebeserklärungen an die Stadt gab es auch später, etwa von Schlagersängerin Peggy March oder Hip-Hopper Torch. Gleichzeitig mit dem ersten Welthit lehrte der Philosoph Karl Jaspers hier, und Friedrich Gundolf erhielt 1911 den Lehrstuhl für Neuere deutsche Literatur. Der Dichter Stefan George hielt sich mehrfach im Gundolf-Kreis auf, der sich bald zum elitären George-Kreis entwickelte, und der Psychiater Hans Prinzhorn publizierte 1922 die Bildwerke von Psychiatriepatienten als *Bildnerei der Geisteskranken* und beeinflusste damit nachhaltig die moderne Kunst.

Stadt und Universität entwickelten eine besondere Anziehungskraft, obwohl sich Heidelberg mit großen Metropolen kaum messen konnte: Das »Weltdorf des Geistes« wurde häufig als »Schnittpunkt intellektueller Kreise« beschrieben. Auch Frauen gehörten dazu, angefangen bei der humanistischen Dichterin Olympia Fulvia Morata, die 1555 in Heidelberg starb, über Henriette Feuerbach und Marianne Weber bis hin zu Hannah Arendt, Hilde Domin und Jagoda Marinić, die hier ein Interkulturelles Zentrum aufbaute.

Mit den Schlossfestspielen gelang es 1926, erneut Aufmerksamkeit auf die Stadt zu lenken: Heinrich George spielte den »Götz von Berlichingen« (und benannte seinen 1938 geborenen Sohn nach diesem). Als Redner trat neben Friedrich Gundolf, Gustav Stresemann, Gerhard Hauptmann und Thomas Mann auch NS-Propagandaminister Joseph Goebbels in Erscheinung, der hier promoviert hatte und den Schlossfestspielen aus der ersten Krise half, indem er sie zu »Reichsfestspielen« umfunktionierte. Bürgermeister Carl Neinhaus kooperierte ab 1930 mit der NSDAP, Bücherverbrennungen fanden auf dem Universitätsplatz statt. Der Bau der Thingstätte auf dem Heiligenberg 1934 sowie die Eröffnung der Autobahn nach Mannheim ein Jahr später banden die Stadt an diese »neue Zeit«. Die 550-Jahr-Feier der Universität stand ganz im Zeichen der NS-Ideologie. 1938 gingen die Synagogen in Flammen auf. Heidelberger Juden wurden 1940 ins Konzentrationslager Gurs nach Südfrankreich deportiert, unter ihnen Alfred Mombert. Als die US-amerikanischen Truppen nahten, sprengte die Wehrmacht in letzter Minute mehrere Pfeiler der Alten Brücke.

Die Amerikaner marschierten am Karfreitag 1945 über eine Pontonbrücke in Heidelberg ein; die Stadt ergab sich und blieb unzerstört. Noch 2020 flammten Diskussionen darüber auf, ob es abgeworfene Propagandaflugblätter mit dem Aufdruck »Heidelberg wollen wir schonen, darin wollen wir wohnen« wirklich gegeben hat. Keines davon ist wieder aufgetaucht. Unbestritten ist, dass die Amerikaner Heidelberg als Standort eines europäischen US-Hauptquartiers für die Zeit nach Kriegsende ausgespäht hatten, aber ins Reich der Legenden gehört, dass der befehlshabende US-General den *Student Prince* liebte und die Stadt deshalb verschont habe: Harte Verhandlungen zwischen den Fronten verhinderten die Zerstörung. Die Universität wurde als erste deutsche Hochschule nach Kriegsende wiedereröffnet, die unabhängige *Rhein-Neckar-Zeitung* erschien hier ab September 1945: Mitherausgeber war der spätere erste Bundespräsident Theodor Heuss.

Hans Georg Gadamer wurde 1949 Nachfolger von Karl Jaspers; dieser hatte den NS-Staat zurückgezogen in der Plöck überlebt und war dann in die Schweiz gegangen. Gadamer blieb der Stadt bis zu seinem Tod 2002 verbunden. 1954 kehrten auch die Lyrikerin Hilde Domin und ihr Mann Erwin Walter Palm aus dem Exil nach Heidelberg zurück und erlebten als Erstes die Einweihung des neuen Bahnhofs sowie des einzigen (Wohn-)Hochhauses in der Innenstadt von Jakob Wilhelm Mengler (1961): ein schmaler, 14-stöckiger Block aus Stahl und Glas am Adenauerplatz, dessen geplantes Dachcafé leider nie realisiert wurde.

Reinhold Zundel (Oberbürgermeister 1966–90) kämpfte für eine Sanierung der gesamten Altstadt, deren Wohnraum inzwischen vielen »zu romantisch« geworden war, soll heißen: sehr runtergekommen. Ob mancher Totalabriss wirklich nötig war, blieb lange umstritten. Um 1970 entstanden jedenfalls moderne Neubauten in der Kernaltstadt, und auch der Stadtteil Emmertsgrund am südlich gelegenen Berghang zeugt vom Aufbruch zum Ende des Jahrhunderts, dessen politische Kämpfe Michael Buselmeier in seinem Roman *Der Untergang von Heidelberg* (1981) zeitnah eingefangen hat. 1979 wurde die Hochschule für jüdische Studien gegründet, ab 1985 folgten mehrere Technologieparks. Im Neuenheimer Feld reihen sich moderne Klinken und Institutshäuser der Universität aneinander. Dagegen wurde der Neubau der Print Media Academy der Heidelberger Druckmaschinen am Bahnhofsvorplatz (2000) mit dem 13 m hohen »S-Printing Horse« des Künstlers Jürgen Goertz genauso kontrovers diskutiert wie zuvor die mögliche Neugestaltung des Universitätsplatzes durch den israelischen Künstler Dani Karavan oder die Neuverglasung des Heiliggeistchors durch Johannes Schreiter, die beide in den 1980er Jahren von aufgebrachten Bürgern verhindert wurden. Die Moderne hatte es in Heidelberg nie leicht.

Als neues Stadtviertel wurde um 2000 die Bahnstadt unter ökologischen Maßstäben mit Energiesparhäusern, Wasserläufen und Grünanlagen geplant: Heute, 20 Jahre später, kämpfen die Bewohner allerdings gegen ungewöhnliche Klimabedingungen, da das Wasser stillsteht und die Bäume nicht schnell genug wachsen wollen. Dieses städtebauliche Konzept für Tausende hier lebende und arbeitende Menschen fand nicht nur Zustimmung und erforderte teure Nachbesserungen. Die Umwandlung der von den US-Militärs hinterlassenen Flächen in neue Wohngebiete stellt heute die größte städtebauliche Herausforderung dar.

Zweimal verpasste Heidelbergs Altstadt die Aufnahme in die Liste des UNESCO-Welterbes. Die Universität erhielt 2007 einen Exzellenzstatus, was sie zu einer der führenden in der Welt machte. Im neuen Jahrtausend erlangten mehrere Kulturfestivals wie der Heidelberger Frühling, Enjoy Jazz oder das Filmfestival deutschlandweite und internationale Aufmerksamkeit. Schließlich wurde Heidelberg zur UNESCO City of Literature: Zahlreiche, nicht nur wissenschaftliche Verlage sind hier ansässig, Literaturtage bereichern das Angebot, literarische Gesellschaften und der jährlich ausgeschriebene Brentano-Literaturpreis beflügeln die Szene. Plötzlich fährt man nicht mehr nur wegen des Schlosses nach Heidelberg, sondern auch wegen der Kulturveranstaltungen. Die Stadt spiegelt sich auch in Saša Stanišićs Roman *Herkunft*, der 2019 mit dem Deutschen Buchpreis ausgezeichnet wurde: hier beschrieben mit den Augen eines Flüchtlingsjungen aus Bosnien, der sich mühsam durchkämpft und – ganz in der Tradition der Romantiker – sich am Blick vom Berg über das Rheintal erwärmen kann. Allerdings nicht vom Schlossaltan aus, sondern von der Plattform einer Tankstelle im Emmertsgrund, einem beliebten Treffpunkt für Jugendliche. Romantik – ja, auch hier, immer noch.

Stadtgeschichte in Daten

ca. 600 000 v. Chr.	Homo heidelbergensis
60–250 n. Chr.	Römerbefestigung und erste Neckarbrücke
8. Jh.	Erwähnung umliegender Dörfer im *Lorscher Codex*
um 900	Bau des Michaelsklosters auf dem Heiligenberg
1156	Konrad von Hohenstaufen erhält die »Pfalzgrafschaft bei Rhein«.
ab 1180	Hohe Burg auf dem Königstuhl
1196	erste Erwähnung von »Heidelberch« in einer Urkunde des Klosters Schönau
1214	Ludwig I. verlegt seine Regierungsgeschäfte hierher.
1225	»Heidelbe-« erstmals als Stadt erwähnt; planvolle Strukturierung der Kernaltstadt mit Marktplatz als Zentrum
1235	erste Bebauung auf dem Jettenbühl (heutiges Schlossareal)
1284	erste nachrömische Neckarbrücke
ab 1300	Die Tiefburg in Handschuhsheim entsteht und bleibt bis 1674 bewohnt.
1386	Gründung der Universität
1400	Kurfürst Ruprecht III. wird zum deutschen König Ruprecht I. gewählt.
1411	Weihung des neuen Chores der Heiliggeistkirche
1451–76	Friedrich I. »der Siegreiche« baut das Schloss wehrhaft aus.
1485	erste Abbildung Heidelbergs mit Burg und Brückentor

1508–44	Ludwig V. treibt den wehrhaften Ausbau von Stadt und Schloss voran.
1518	Martin Luthers Disputation im Augustinerkloster
1526	Stadt-Miniatur Sebastian Münsters
1537	Zerstörung der alten Hohen Burg
1550	erste detaillierte Stadtansicht Sebastian Münsters
1556–59	Ottheinrich führt die Reformation in der Kurpfalz ein.
1563	Der *Heidelberger Katechismus* erscheint und zieht Bilderstürme nach sich.
1592	Bau des »Hauses zum Ritter« am Marktplatz
1601–04/07	Friedrich IV. lässt den Friedrichsbau samt neuer Kapelle errichten.
1613	Friedrich V. von der Pfalz heiratet Elisabeth Stuart, Tochter von König Jacob I. von England und Maria Stuart. Stückgarten, Englischer Bau, Scheffelterrasse und Hortus Palatinus entstehen oder werden geplant.
1619	Friedrich V., »der Winterkönig«, nimmt die böhmische Krone an; der Dreißigjährige Krieg (1618–48) entflammt Europa.
1622	General Tilly erobert die Stadt; Abtransport der Bibliotheca Palatina nach Rom; Schließung der Universität bis 1652
1645	große Stadtansicht von Matthäus Merian d. Ä.
1688–93	Pfälzischer Erbfolgekrieg: Zerstörungen der Stadt, Sprengung des Schlosses
1700	Rückkehr der Universität und Beginn der Rekatholisierung
1701	Der Barocke Wiederaufbau beginnt mit dem neuen Rathaus.

1703	Grundsteinlegung für das Jesuitenkolleg
1705	Bau der Scheidemauer in der Heiliggeistkirche
1708	Bau des »Hauses zum Riesen« in der Hauptstraße
1712	Bau des Palais Morass (heute Kurpfälzisches Museum)
1717	Der Streit um den *Heidelberger Katechismus* entzündet den Religionskonflikt erneut.
1718	*Kornmarktmadonna* als Zeichen der Rekatholisierung
1719	Der Streit um die Scheidemauer in der Heiliggeistkirche eskaliert.
1720	Verlegung des Kurpfälzischen Hofs nach Mannheim
1721	Baubeginn Jesuitenkirche
1727/28	Inbetriebnahme der (Alten) Universität
1737	Das Gasthaus »Zur blauen Lilie« in der Mantelgasse wird Synagoge.
1746	neue Stadtprivilegien durch Kurfürst Karl Theodor
1764	Das Schloss wird durch Blitzschlag unbewohnbar und brennt aus.
1775–1815	Goethe besucht die Stadt insgesamt sieben Mal.
1778	Karl Theodor übernimmt die Thronfolge in Bayern.
1781	Fertigstellung des Karlstors
1784	Eisgang und am 27. Februar stärkstes je gemessenes Hochwasser
1788	Einweihung der neuen »Alten Brücke«; Hölderlin in Heidelberg
1795	Französische Revolutionstruppen setzen über den Rhein. Scharmützel bei Wieblingen; Schlacht bei Handschuhsheim
1799	französische Besetzung Heidelbergs
1803	Politisches Ende der Kurpfalz; der Abbruch der Schlossruine wird verhindert.

1807	Joseph von Eichendorff in Heidelberg
ab 1808	Die Brüder Boisserée sammeln »deutsche und niederländische Altertümer« und stellen sie ab 1810 im Palais Sickingen am Karlsplatz aus.
1810	Charles François de Graimberg in Heidelberg; Carl Maria von Weber entdeckt die Geschichte vom »Freischütz« im Stift Neuburg.
1813	Zar Alexander I. und der König von Preußen treffen sich in Heidelberg.
1815	Kaiser Franz I. von Österreich und Zar Alexander I. begrüßen die gegen Napoleon siegreichen Truppen auf dem Karlsplatz.
1816	Friedrich Wilhelm Hegel wird als Professor berufen.
1817	Gründung der Heidelberger Burschenschaft; Jean Paul in der Stadt
1818	Die Badische Verfassung tritt in Kraft.
ab 1830	Robert Schumann studiert in Heidelberg.
1832	Hambacher Fest unter Teilnahme Heidelberger Studenten
1834	Bis 1843 finden im Schlosshof jährliche Musikfeste vor politischem Hintergrund statt.
1835	Frederic Chopin spielt ein Privatkonzert im Palais Morass.
1840	Eröffnung der Eisenbahnlinie Mannheim–Heidelberg und des alten Bahnhofs
1844	Eröffnung des Bergfriedhofs
1847	Beim »Turn- und Singfest« auf dem Schloss wird die schwarz-rot-goldene Fahne gehisst. Verhaftungen und Bau des Amtsgefängnisses »Fauler Pelz«
1848	»Heidelberger Petition«
1849	Badischer Aufstand und Besetzung der Stadt durch preußische Truppen
1852	In Heidelberg werden 14 Fabriken mit 392 Arbeitern

	gezählt. Der Chemiker Robert Bunsen wird an die Universität berufen.
1853	Bau des Heidelberger Theaters; Bau eines Chemischen Laboratoriums in der Akademiestraße
1854	Der Physiker Gustav Kirchhoff entwickelt die Spektralanalyse.
1858	Der Physiologe Hermann von Helmholtz wird nach Heidelberg berufen.
1866	Gründung des Heidelberger Schloss-Vereins
1872	Der Philosoph Kuno Fischer, dem 1853 die Lehrerlaubnis wegen politischer Verdächtigungen entzogen worden war, kehrt an die Universität zurück.
ab 1873	Das Schlosshotel wird gebaut. Die Weststadt dehnt sich aus.
1875	Johannes Brahms weilt unbemerkt zur Sommerfrische in Ziegelhausen.
1877	Zweite Neckarquerung; Richard Wagner logiert mit Familie im Schlosshotel, 6000 Menschen huldigen ihm.
1878	Mark Twain hält sich drei Monate in Heidelberg und der Kurpfalz auf.
1883–90	Kaiserin Elisabeth von Österreich (»Sisi«) besucht Heidelberg vier Mal.
1888	Rückkehr der *Manessischen Liederhandschrift*
1891	Eingemeindung Neuenheims und weiterer Vororte und Dörfer
1897	Pläne zum kompletten Wiederaufbau des Schlosses werden nur am Friedrichsbau verwirklicht. Der Soziologe Max Weber wird an die Universität berufen und lehrt hier bis 1903.
1901	Wilhelm Meyer-Försters Komödie *Alt-Heidelberg* wird in Berlin uraufgeführt.

1903 Eröffnung der Stadthalle mit Richard Strauss und Gustav Mahler
1905 Einweihung der neuen Universitätsbibliothek
1910 Für seine Zellstoffkernforschung erhält Albrecht Kossel als erster Heidelberger Forscher den Nobelpreis.
ab 1911 Friedrich Gundolf auf dem Lehrstuhl für Neuere deutsche Literatur
1912 Bezug des Physikalischen Instituts am Philosophenweg und Beginn der universitären Ausbreitung am nördlichen Neckarufer
1914 Der Philosoph Karl Jaspers beginnt seine Lehrtätigkeit in Heidelberg.
1915 Der Theologe Martin Dibelius wird berufen und lehrt hier bis 1947.
1919 Stefan George in Heidelberg
1920 umfangreiches Wohnungsbauprogramm; Entstehung des Stadtteils Pfaffengrund als Gartenstadt
1921 Karl Jaspers wird auf den Lehrstuhl für Philosophie berufen.
1922 Hans Prinzhorn veröffentlicht sein Buch *Bildnerei der Geisteskranken.*
1925 Beisetzung des in Heidelberg geborenen Reichspräsidenten Friedrich Ebert auf dem Bergfriedhof
1925–29 Kanalisierung des Neckars mit Staustufen
1926 erste Schlossfestspiele mit Heinrich George als »Götz von Berlichingen«
1927 Gründung des Instituts für das Zeitungswesen im Haus Buhl
ab 1928 Der neue Bürgermeister, der Jurist Carl Neinhaus, fördert die Erschließung neuer Wohngebiete; ab 1930 kooperiert er mit der NSDAP.

1929	Die spätere Lyrikerin Hilde Domin studiert am Institut für Sozial- und Staatswissenschaften.
1930	NSDAP stärkste Fraktion im Gemeinderat; Grundsteinlegung für die Neue Universität; Gründung des Kaiser-Wilhelm-Instituts für medizinische Forschung, an dem die Nobelpreisträger Otto Meyerhof und Richard Kuhn lehren
1931–87	Der Komponist Wolfgang Fortner lebt in Heidelberg.
1933	Bücherverbrennung auf dem Universitätsplatz
1934–35	Bau der Thingstätte
1936	550-Jahr-Feier der Universität im Zeichen der NS-Ideologie; die Trennmauer in der Heiliggeistkirche wird endgültig entfernt.
1937	Schirmherr Dr. Joseph Goebbels reformiert die Schlossfestspiele im Sinne der Nationalsozialisten.
1938	Reichspogromnacht mit Brand auch der Heidelberger Synagoge
1940	Deportation von 282 Heidelberger Juden ins KZ Gurs; andere Deportationsziele sind Riga, Theresienstadt und Auschwitz.
1945	Die Alte Brücke wird von der Deutschen Wehrmacht gesprengt; am 30. März Einmarsch der US-Amerikaner; die Stadt bleibt unzerstört.
1949	Der Philosoph Hans Georg Gadamer wird Nachfolger von Karl Jaspers.
1951	Ausbau des Neuenheimer Felds als Klinik- und Universitätsgelände
1954	Hilde Domin kehrt aus dem Exil nach Heidelberg zurück.
1955	Einweihung des neuen Hauptbahnhofs
1965	erste Studentenproteste

1966	Oberbürgermeister Reinhold Zundel befördert die Grundsanierung der Altstadt.
ab 1970	Abriss alter Bausubstanzen und moderne Neubauten in der Kernaltstadt
1972	erste Wohnungen im neuen Stadtteil Emmertsgrund beziehbar
1979	Gründung der Hochschule für Jüdische Studien
1981	Der Roman *Der Untergang von Heidelberg* von Michael Buselmeier erscheint.
1985	Gründung des ersten Technologieparks
1986	Zur 600-Jahr-Feier der Universität kehrt ein Teil der Bibliotheca Palatina aus dem Vatikan temporär nach Heidelberg zurück und wird auf den Emporen der Heiliggeistkirche ausgestellt.
2000	Bau der Print Media Academy der Heidelberger Druckmaschinen am Bahnhofsvorplatz
2007	Die Universität erhält Exzellenzstatus mit zwei Graduiertenschulen und drei Exzellenzclustern.
2009	Baubeginn Stadtteil Bahnstadt
2014	Heidelberg wird UNESCO City of Literature
2019	Saša Stanišićs autobiographischer Roman *Herkunft* wird mit dem Deutschen Buchpreis ausgezeichnet.

Rundgänge

Rundgang A – von der Alten Universität zum Karlstor und über Alte Brücke und Heuscheuer zurück

Alte Universität (S. 32), Hauptstraße mit Haus zum Ritter St. Georg (Nr. 178, S. 39), Heiliggeistkirche (S. 41), Kornmarkt (S. 49), Akademie der Wissenschaften (S. 52), Völkerkundemuseum (S. 56), Karlstor (S. 56), Brückentor und Alte Brücke

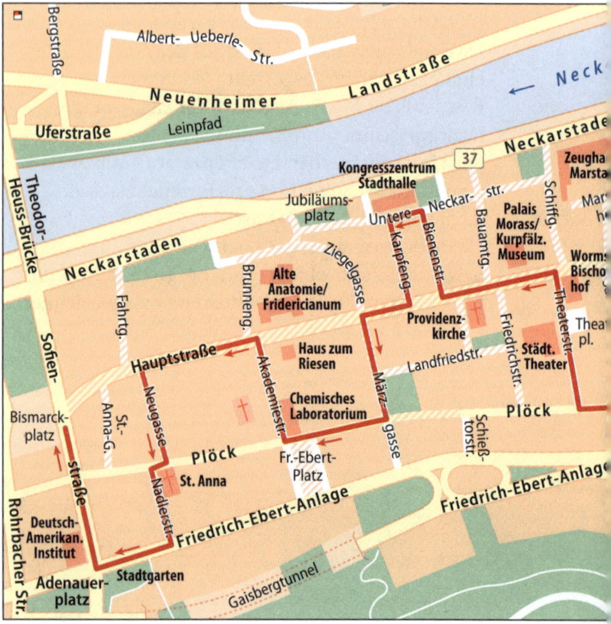

(S. 57, 63), Steingasse (S. 65), Fischmarkt (S. 65), Untere Straße (S. 67), Friedrich-Ebert-Haus (S. 67), Heumarkt (S. 70), Heuscheuer und ehemalige Synagoge (S. 70)

Rundgang B – von der Universitätsbibliothek über die Stadthalle zum Adenauerplatz

Peterskirche (S. 75), Universitätsbibliothek (S. 79), Städtisches Theater (S. 84), Kurpfälzisches Museum (S. 85), Providenzkirche (S. 88), Kongresszentrum Stadthalle (S. 89), Chemisches

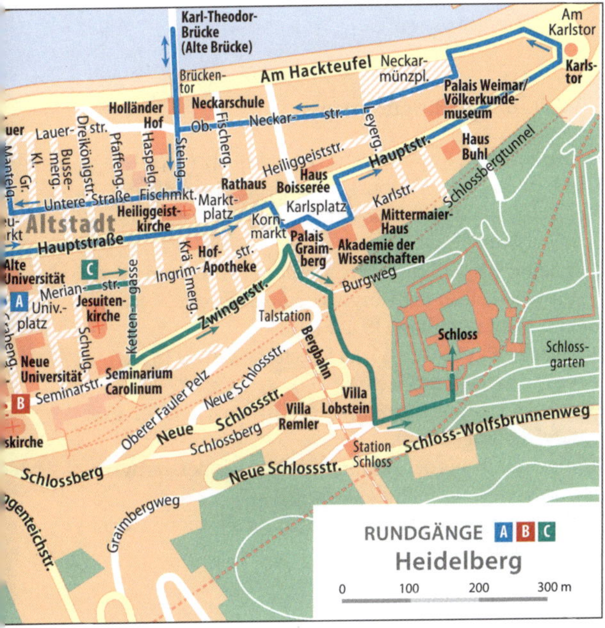

Laboratorium am Friedrich-Ebert-Platz (S. 93), Haus zum Riesen (S. 94), Alte Anatomie (S. 95), Hospital St. Anna (S. 98), Scheithauer-Brunnen am Adenauerplatz (S. 100)

Rundgang C – von der Jesuitenkirche hinauf zum Schloss

Jesuitenkirche (S. 72), Seminarium Carolinum (S. 75), Talstation Bergbahn (S. 102), Treppenaufgänge zum Schloss (S. 102), Schloss mit äußeren Wehranlagen, Schlossgarten, Innenhof und Schlossbauten (S. 104), Schlossaltan (S. 128), Scheffelterrasse (S. 113)

Weitere Besichtigungstipps

Neuenheim: St. Raphael (S. 141), Marktplatz (S. 141)
Handschuhsheim: Tiefburg (S. 144), St. Vitus (S. 143)
Heiligenberg: Michaelskloster (S. 147), Thingstätte (S. 148)
Stift Neuburg (S. 149)
Bergheim: Altklinikum mit Sammlung Prinzhorn (S. 153), Altes Hallenbad mit Körperwelten Museum (S. 154), Print Media Academy (S. 156)
Bahnstadt: SkyLabs (S. 161), Heidelberg Village (S. 161), Neue Feuerwache (S. 162)
Weststadt: St. Bonifatius (S. 163), Christuskirche (S. 164), Bergfriedhof (S. 165)
Königstuhl: Haus der Astronomie und Landessternwarte (S. 138)
Schlierbach: Wolfsbrunnen (S. 150), Skulpturenpark der Orthopädie (S. 150)

Kulturkalender

Januar **Winter in Schwetzingen** (beginnt im Dezember): Barockfestival, veranstaltet von Theater und Orchester der Stadt Heidelberg mit einer Opernproduktion und Konzerten im Rokokotheater

Streichquartettfest des Heidelberger Frühlings: mit Konzerten und öffentlichen Workshops in der Alten Pädagogischen Hochschule

Filmtage des Mittelmeers des Medienforums Heidelberg in Kooperation mit dem Montpellier-Haus

Carambolage: Kabarett- und Comedy-Festival

Februar **Schöner Lügen:** Kabarett- und Kleinkunstfestival des Kulturfenster e. V.

Faschingsumzug am Fastnachtsdienstag

Biennale für aktuelle Fotografie in Heidelberg, Mannheim und Ludwigshafen

März **¡Adelante! Theater aus Südamerika:** alle zwei bis drei Jahre vom Theater der Stadt Heidelberg veranstaltet mit Gastspielen und Eigenproduktionen in Kooperation mit Theatern aus Südamerika

Kleine Buchmesse im Neckartal (zweites Wochenende): Regionalautoren und -verlage präsentieren sich in Neckarsteinach.

April **Heidelberger Frühling** (ab Ende März): klassisches Musikfestival an vielen Orten der Stadt; Festivalzentrum in der Stadthalle; integriert sind kleinere Festivals und öffentliche Workshops für Kammermusik, Lied sowie junge Komponisten und Interpreten.

Heidelberger Stückemarkt: Gastspiele deutscher und ausländischer Theaterproduktionen, jeweils

	mit Gastland-Schwerpunkt sowie einem Wettbewerb für neue Bühnentexte
Mai	**Queer Festival:** mit Partys, Konzerten, Ausstellungen und Performances
	Schwetzinger SWR-Festspiele: Klassisches Musikfestival in Schloss und Park der nahen Nachbarstadt mit Opernproduktionen im Rokokotheater
Juni	**Schlossbeleuchtung** (erster Samstag): Großfeuerwerk auf Alter Brücke und Schloss
	Literaturtage Heidelberg: Veranstaltung der UNESCO City of Literature in Zusammenarbeit mit Deutsch-Amerikanischem Institut, Stadtbücherei, Montpellier-Haus und hiesigen Verlagen; Veranstaltungsort für Lesungen ist ein Zelt mit Jugendstil-Ausstattung auf dem Universitätsplatz.
	Tanz-Biennale von Theater der Stadt Heidelberg und Unterwegstheater
Juli	**Schlossbeleuchtung** (erster Samstag): Großfeuerwerk auf Alter Brücke und Schloss
	Schlossfestspiele (bis August) des Theaters und Orchesters Heidelberg
	Metropolink: Festival für Urban Art / Kunst im Öffentlichen Raum im Patrick-Henry-Village
August	**ArtOrt** des Unterwegstheaters: an wechselnden Orten der Stadt mit Installationen und (Tanz-) Performances
September	**Schlossbeleuchtung** (erster Samstag): Großfeuerwerk auf Alter Brücke und Schloss
	Literaturherbst des Kulturamts der Stadt Heidelberg in Zusammenarbeit mit lokalen

	Verlagen, Buchhandlungen und Institutionen: Lesungen und Buchausstellung
	Heidelberger Herbst (letztes Wochenende): Volksfest in der Altstadt
	720 Stunden des Unterwegstheaters in der Hebelhalle: mit Performances, Ausstellungen, Konzerten
	Kleine Helden: Kindertheaterfestival mit Gruppen aus ganz Deutschland
Oktober	**Enjoy Jazz** (bis November): Musikfestival für Jazz und anderes
	Geist Heidelberg: Wissenschaftsfestival des Deutsch-Amerikanischen Instituts
November	**Internationales Filmfestival Mannheim-Heidelberg:** Debütwerke junger Regisseure; Verleihung des »Grand Newcomer Award Mannheim-Heidelberg«
	Theatertage: freie Theatergruppen aus ganz Deutschland
Dezember	**Weihnachtsmarkt** entlang der Hauptstraße von Bismarckplatz bis Marktplatz
	Winter in Schwetzingen (s. unter Januar)

Die östliche Altstadt – die Kernaltstadt

Vom Universitätsplatz über die Hauptstraße Richtung Karlstor

Der **Universitätsplatz** (I C2) ist der wichtigste Schnittpunkt des Personenverkehrs in der Kernaltstadt. Die Alte Universität prägt als barocker Kolossalbau die Nordseite, die im Stil der Neuen Sachlichkeit gebaute Neue Universität die dem Königstuhl zugewandte Südflanke. Auf dem Geviert zwischen beiden Universitätsgebäuden weist eine am östlichen Rand eingelassene Bodenplakette auf das Augustinerkloster hin, in dem Martin Luther 1518 die Hintergründe seines Widerstands gegen den Papst vor gelehrtem Publikum verteidigte. Seine Forderungen fielen auf fruchtbaren Boden und sollten in den folgenden drei Jahrhunderten die wechselvolle Geschicke Heidelbergs wesentlich mitbestimmen. Die Klosterruine trug man 1705 ab, um an ihrer Stelle einen Exerzier- und Paradeplatz anzulegen. Die Aufschüttung des äußeren Verteidigungsgrabens entlang der westlichen Stadtmauer (heutige Grabengasse) ermöglichte die Einebnung des gesamten Terrains.

Mit dem Bau des Auditoriengebäudes Domus Wilhelmiana, der **Alten Universität** (I C2), wurde 1712–17 begonnen; fortgeführt wurden die Arbeiten 1724–28. Entwurf und Bauleitung lagen bei Johann Adam Breunig. Heute wird der Bau als Verwaltungsgebäude genutzt; das integrierte **Universitätsmuseum** stellt die Geschichte der Hohen Schule seit ihrer Gründung dar. Die dreistöckige Fassade beherrscht den Platz mit dreizehn bzw. zwölf Fensterachsen, durchgehenden Kolossalpilastern mit vergoldeten Kapitellen und zwei säulengerahmten Portalen an der Westseite. Durch den roten Sandstein und die hellen Putzflächen, das mächtige Schweifdach sowie den

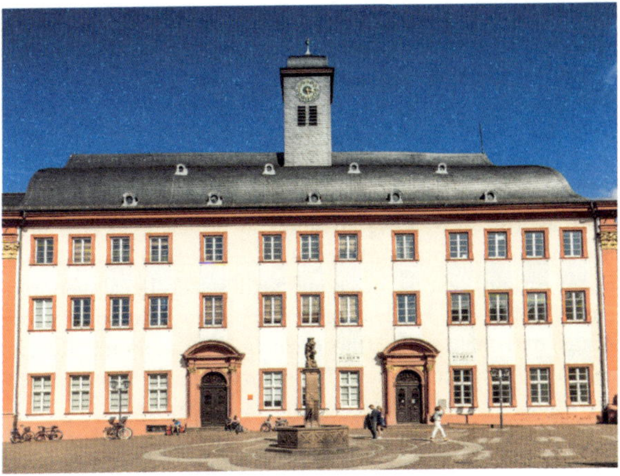

Die Alte Universität (1712–28, Johann Adam Breunig)

schindelverkleideten Uhrenturm prägt der Bau das Stadtbild. 1786 wurden die Innenräume von Johann Andreas Traitteur im Louis-seize-Stil ausgestaltet. Aus Anlass der 500-Jahr-Feier der Universität 1886 kam es zur Neugestaltung der **Alten Aula** durch Joseph Durm im Stil der Neorenaissance mit Gemälden von Ernst Schurth und Ferdinand Keller sowie Bronzen von Adolf Heer und der Marmorbüste Großherzog Friedrichs I. von Baden, die Friedrich Moest schuf. Keller malte auch das große Lünettenbild *Einzug der Pallas Athene in Heidelberg* an der Kopfseite des Saals. Heute finden in ihm universitäre Festakte sowie Vortrags- und Konzertveranstaltungen statt. Der komplette Raum ist holzverkleidet, zwei Sitzreihen in steigender Anordnung ziehen sich entlang der Außenwände und kommen im Halbrund der Stirnseite, beim Katheter, zusammen. Die schwere Holzdecke zeigt Allegorien von Philosophie, Medizin, Jurisprudenz und Theologie in runden Darstellungen von Rudolf Gleichauf. Die Namen bedeutender Würdenträger der Universität bilden einen *Kranz der Ehrbaren* über der Galerie. Im Treppenaufgang dokumentiert eine Porträtreihe die Nobelpreisträger der Heidelberger Universität.

Der **Löwenbrunnen** vor dem Gebäude ist für das Jahr 1716 erstmals für diese Stelle erwähnt. Er erhielt 1847 eine neue Brunnenanlage unter Verwendung der barocken Löwenstatue. Deren Original wurde 1903 kopiert, gilt selbst aber als verloren. Diese Kopie des Heidelberger Wappentiers mit bleckender Zunge und den herrschaftlichen Insignien Laubkrone, Reichsapfel und Schwert wurde 1961 ins Kurpfälzische Museum verbracht und vor Ort durch eine erneute Kopie ersetzt.

Im östlich angebauten Pedellenhaus auf der Rückseite der Alten Universität in der Augustinergasse befindet sich einer von mehreren **Karzern**, in denen einst Studenten inhaftiert wurden. Die Universität nutzte ihn zwischen 1790 und 1914. Das über und über mit Graffiti und Wandmalereien ausgezierte Gefängnis ist heute Teil des Universitätsmuseums.

Das Gebäude der **Neuen Universität** (I C2) ersetzte 1930 das Haus der Museumsgesellschaft von 1828, das der Karlsruher Architekt Friedrich Weinbrenner entworfen hatte. Hier waren Berühmtheiten wie Clara Schumann oder Franz Liszt aufgetreten, und Robert Schumann hatte 1830 einige seiner wenigen Konzerte als noch junger Pianist gespielt. In den 1920er Jahren war der Bau marode; der Botschafter der Vereinigten Staaten in Deutschland, Jacob Gould Schurman, veranlasste eine Spendenaktion, die 500 000 Dollar für einen Neubau einbrachte. Der Danziger Architekt Carl Gruber entwarf einen symmetrisch gegliederten Putzbau, der im noch historisch geprägten Umfeld damals sehr modern wirkte – ein Effekt, der später verloren ging. Sechs schmale, hohe Fenster

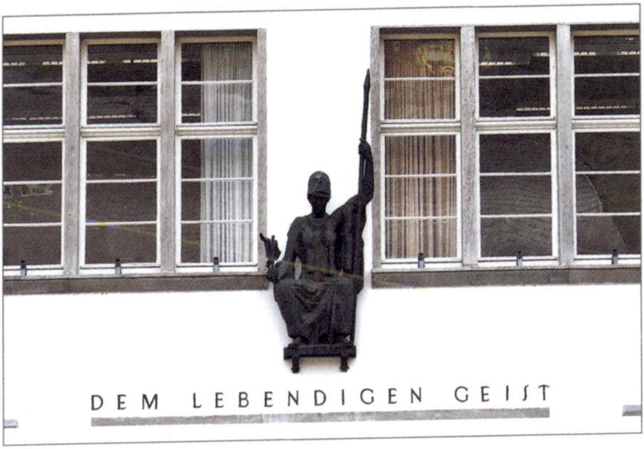

Eingang der Neuen Universität (1931, Architekt Carl Gruber): *Athene* und das Motto »Dem lebendigen Geist«

deuten außen das Auditorium Maximum an. Als einzigen Schmuck hat man dem Bau die Skulptur der Pallas Athene des Bildhauers Karl Albiker über dem mittleren Doppeleingang zugestanden. Das Hauptgebäude wurde 1931 eingeweiht. *Athene* und das von Friedrich Gundolf stammende Motto »Dem lebendigen Geist« ersetzten die Nationalsozialisten 1933 durch einen Reichsadler mit Hakenkreuz und den veränderten Spruch »Dem deutschen Geist«. Direkt davor verbrannten sie die Bücher missliebiger Autoren und Professoren. 1945 wurde der Eingangsschmuck der Neuen Universität wieder zurückgetauscht.

Im **Innenhof** der Neuen Universität steht der letzte mittelalterliche Wehrturm der westlichen Stadtbegrenzung, der **Hexenturm** (13. Jh.). Dabei handelt es sich um einen offenen Schalenturm mit bis zu 2,50 m dicken Sandsteinmauern. Die

Öffnung zur Stadtseite hin sollte verhindern, dass das Bauwerk nach Einnahme *gegen* diese benutzt werden konnte. Der Kellerraum diente als Gefängnis. Der Turm wurde in die Neubauflügel der Neuen Universität integriert, und die unterste der drei Arkaden wurde 1932–33 zum Denkmal für die im Ersten Weltkrieg gefallenen Universitätsangehörigen umgestaltet. Unter der heute ebenen Fläche des Innenhofs konnte 1986/87 die früheste Bebauung des vermutlich ersten Versorgungsweilers unterhalb der Oberen Burg (S. 103) dokumentiert werden, die eine Besiedlung in der zweiten Hälfte des 12. Jh.s belegt. Allerdings wurde diese schon im ersten Viertel des 13. Jh.s einer planvollen Neubebauung der Kernstadt geopfert.

Das **Triplex-Seminargebäude** (Grabengasse 14, I C2) der Universität mit Mensa im Erdgeschoss und Tiefgarage im mehrgeschossigen Keller (Architektenguppe Götz-Heuser) wurde ab 1970 geplant, doch der Bau verzögerte sich aufgrund starker Proteste gegen den Abriss original erhaltener barocker Häuserzeilen. Es konnte in angepasster Variante erst Ende 1978 seiner Bestimmung übergeben werden. Ein architektonischer Bezug zum historischen Umfeld wurde vermieden. Im Innenhof des Neubaus steht ein **Brunnenhaus** aus der Renaissancezeit. Es wurde um 1610 zunächst einstöckig errichtet und diente einem Gasthaus als Gartenpalais. Nach 1699 aufgestockt, erhielt es eine Außentreppe, deren Anschlüsse noch sichtbar sind. Den sechseckigen Arkadenbau schmücken kannelierte Halbsäulen mit reliefierten Manschetten. Während das Erdgeschoss ganz der Formensprache der deutschen Renaissance entspricht, zeigt das Obergeschoss eine barocke Gestaltung. Dieses kleine Bauwerk zeigt einen Typus, der die westliche Vorstadt vor den großen Bränden in den Jahren 1689 und 1693 prägte.

Zu Universitätsbibliothek, Peterskirche etc. s. S. 75 ff.

Die **Hauptstraße** vom Universitätsplatz bis zum Marktplatz (I C2) schmückt größtenteils denkmalgeschützte Haussubstanz (für den Straßenverlauf Richtung Westen s. S. 96 ff.), wobei betörende Durchblicke angrenzender Gassen ihren besonderen Reiz ausmachen. Die meisten Gebäude entstanden auf älteren Gewölbekellern in der ersten Hälfte des 18. Jh.s. Die bedeutendste Ausnahme bildet das repräsentative dreigeschossige **Wohn- und Bankhaus** im Stil der Neorenaissance an der Ecke Universitätsplatz/Hauptstraße (Nr. 126). Es markiert jene Stelle, an der sich vom 14. Jh. bis 1827 das große Mitteltor befand. Das Gebäude wurde 1900–01 von den Architekten Jakob Henkenhaf und Friedrich Ebert (nicht verwandt mit dem in Heidelberg geborenen späteren Reichspräsidenten) als Filiale der Oberrheinischen Landesbank errichtet und gehört seit 1939 zur Universität. Es entstand, als der Friedrichsbau des Schlosses gerade rekonstruiert wurde (S. 119), und das Bankhaus weist mit diesem zahlreiche Ähnlichkeiten auf: Die Fenster im Erdgeschoss zieren groteske Porträts als Schlusssteine, das 2. Obergeschoss ist mit Wappen verziert, die beiden Zwerchhäuser im Steildach erscheinen als Zitate des Schlossbaus, und die Ecke zur Hauptstraße wirkt mit ihrem polygonalen, dreistöckigen Turm-Erker als starker Blickfang mit exklusivem Prachtbaucharakter im Stil der Hochrenaissance. Im Innern haben sich Stuckdecken und Terrazzoböden erhalten; die Ausstattung nutzt Formen der Spätgotik, der Renaissance und des Jugendstils. Das Gebäude gilt als herausragender Bau des Historismus in Heidelberg. Der Einfluss des Friedrichsbaus auf die Architektur um 1900 findet und fand sich auch an anderen Stellen der Stadt wieder, so bei der Stadthalle (S. 89, ebenfalls von Henkenhaf und Ebert), der Universitätsbibliothek (S. 79) und der 1974 abgerissenen Alten Hauptpost (Rohrbacher Straße 3, Architekt Johann Remmler), von der nur wenige Versatzstücke übrig blieben.

Eine kunstvolle **Hausmadonna** von Peter van den Branden, dem Bildhauer der *Kornmarktmadonna* (S. 49), ziert die Muschelnische von Haus **Nr. 137**, dessen Hauptgebäude zum unterhalb liegenden Heumarkt verlängert ist. Am Nachbarhaus (**Nr. 139**) erinnert eine Plakette an den Maler Wilhelm Trübner, der hier 1851 geboren wurde. Die breite, achtachsige Fensterfront des Anwesens **Nr. 146** gehörte zu einem historischen Gasthaus, das **»Zum König von Portugal«** hieß. Der Gebäudekomplex geht auf den Hirschhorner Adelshof zurück und ist schon 1632 erwähnt. 1703 wurde er auf alten Gewölbekellern wiedererrichtet. Die Gebäudemitte ziert ein pilastergerahmtes Rundbogenportal mit Volutenschlussstein. Die Hofgebäude wurden im 20. Jh. stark verändert. Seit 1907 ist ein Lichtspieltheater hier ansässig; im vorderen Kinosaal sind Stuckdecken von 1912 erhalten. 1831–32 lebte hier der Dichter Nikolaus Lenau, Robert Schumann verkehrte in derselben Zeit hier, und Frédéric Chopin sah hier 1835 seinen Pariser Schüler Adolf Gutmann wieder, dessen Vater das Gasthaus führte. Achim von Arnim und Clemens Brentano bewohnten Anfang 1808 ein Zimmer im schlichteren Haus **Nr. 151**. Das Wohn- und Geschäftshaus **Nr. 160** wirkt mit seiner siebenachsigen Fensterfront von 1745 und der arkadenartigen Ladenseite im Erdgeschoss (1912 neu gestaltet, dann aber rückgeführt und 1980 rekonstruiert) eher klassizistisch als barock. Seit 1607 ist hier eine Herberge **»Zu den drei Königen«** bekannt. 1736 übernahm die Familie Bassermann den Besitz, und ihr Gasthaus war Treffpunkt des kurpfälzischen Adels und Unterkunft berühmter Gäste. Zu Gast waren etwa 1763 die Familie Mozart, 1797 Goethe und 1829–30 Schumann. Der dreigeschossige Querflügel im Hof weist ein Kreuzgratgewölbe sowie Terrazzoböden und Jugendstilfenster im Treppenhaus auf.

Das **Haus Meder** mit Eckmadonna (**Nr. 168**) ist ein prachtvolles bürgerliches Wohnhaus aus der ersten Hälfte des 18. Jh.s. Ab 1839 war es im Besitz der Familie Meder, die Kunsthändler, Buchhändler und Kaufleute waren. Der dreigeschossige Bau mit steilem Mansarddach ist nur drei Fensterachsen schmal zur Hauptstraße hin, hier allerdings komplett in Sandstein gearbeitet, und reicht acht Fensterachsen in die Kettengasse hinein. Ungewöhnlich sind die opulenten Blattkonsolen zwischen sämtlichen Fenstern des Obergeschosses, die zum Aufstellen von Lichtern genutzt wurden und bei festlichen Anlässen reiche Illumination ermöglichten. Die Reliefs der Hauptstraßen-Fassade zeigen Fruchtgehänge und eine figürliche Darstellung der Heiligen Dreifaltigkeit mit zwei Inschriften. Die in einer Muschelnische positionierte Eckmadonna (1725) entspricht mit geringer Abweichung dem Typus der »apokalyptischen Madonna« und wird Peter van den Branden zugeschrieben: ein deutliches Bekenntnis der Hausherren zum katholischen Glauben und wichtiger Bestandteil der Gegenreformation in der Kurpfalz.

Im **Haus König** (**Nr. 169**), das 1724 errichtet wurde, war Goethe 1775 und 1797 zu Gast. Es war das Elternhaus von Eva König, die 1776 den Dichter Gotthold Ephraim Lessing heiratete.

Das **Haus zum Ritter Sankt Georg** (**Nr. 178**) präsentiert ◆ sich als Prunkstück der Spätrenaissance: Es ist das einzige Bürgerhaus, das die Hauptzerstörung Heidelbergs 1693 (und alle Brandschatzungen davor) unbeschadet überstand, wohl weil es ganz aus Stein gefertigt war. In den Ruinen der Stadt für rund ein Jahrzehnt als Rathaus genutzt, wurde es 1705 zum Gasthaus – und ist es bis heute geblieben. Rund hundert Jahre vor dem erwähnten Stadtbrand erbaute es der hugenottische Calvinist und Großtuchhändler Charles Bélier, der 1572 aus seiner Heimat Tournai nach Heidelberg geflohen war. Die Fassade (vermutlich hat sie Daniel Soreau, Béliers Schwager, entworfen) ist ein herausragendes Beispiel bürgerlicher Architektur des ausgehenden 16. Jh.s. Bis auf das Erdgeschoss mit Tordurchfahrt und zwei Ladenfenstern gliedert es eine strenge

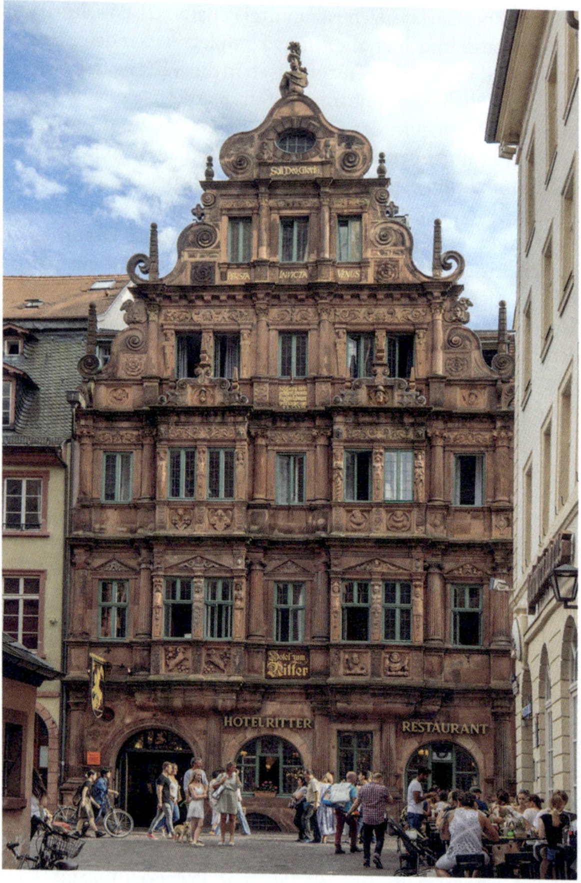

Das Haus zum Ritter Sankt Georg (1592)

Durchgang rührt noch vom Vorgängerbau des Langhauses her und zählt zum ältesten Bestandteil der Kirche. Die überraschende Größe und lichtdurchflutete Höhe des Chors, dessen dreiteilige Maßwerkfenster über 12 m in den Himmel ragen, setzte ein Signal für die aufstrebende Universitäts- und Residenzstadt: Seit 1. Juli 1400 unabhängige Kollegiatsstiftskirche, waren die Stiftsherren Professoren der Hohen Schule. Pfalzgraf Ruprecht wurde am 21. August desselben Jahres in Rhens zum Nachfolger König Wenzels gewählt und bald darauf in Köln gekrönt. Wenn die Kaiserkrönung durch Papst Bonifaz IX. auch an Geldmangel scheiterte, so regierte König Ruprecht I. von Heidelberg aus doch zehn Jahre lang das Heilige Römische Reich deutscher Nation. Der Ruprechtsbau (S. 109) im Schloss war sein vergleichsweise bescheidenes Wohnhaus, die Heiliggeistkirche – oder zumindest ihr wohl schon zur Beisetzung des Königs 1410 abgeschlossener, in hellrotem Sandstein strahlender Hallenchor – sollte hingegen ein Statement sein und wird das alte Langhaus deutlich überragt haben. Decken-Schlussstein des Altarraums ist standesgemäß der Reichsadler.

Ausstattung: Zehn Rundpfeiler – einer trägt die original erhaltene, elegant geschwungene hölzerne **Barockkanzel** von Mathias Neßler (1731) – stützen ein Kreuzrippengewölbe und teilen den Chor deutlich in Altarraum und arkadenartig schmalen 5/8-Umlauf. Solche Hallenkonstruktionen sind in Süddeutschland selten. Anders als Großonkel Ruprecht I. und Vater Ruprecht II., die im Kloster Schönau bzw. in Neustadt a. d. Haardt begraben sind, wollte Pfalzgraf Ruprecht III. / König Ruprecht I. hier zur Ruhe gebettet werden: Sein Hochgrab stand in der Mitte vor dem Altar. Allein die **Grabplatte** blieb – als eine der wenigen von einst 54 Grabdenkmälern – erhalten. Sie ist im linken Seitenschiff zu sehen und zeigt den König mit seiner Gattin Elisabeth von Hohenzollern-Nürnberg. Entstanden nicht lange nach Elisabeths Tod 1411, gilt dieses Epitaph als bedeutendes Beispiel des hochgotischen »weichen Stils«, der sich in den fließenden Formen der schweren Gewänder und der samtigen Kopfkissen, aber auch in den feinen Gesichtszügen mit individuellen Details wie Stirnfalten zeigt. Der König ist mit Zepter, Krone und Reichsapfel dargestellt. Er steht auf einem Löwen als Symbol der Stärke und der Kurpfalz. Zu Füßen der Gattin liegt ein Hündchen als Sinnbild der Treue. Weitere Grabplatten im südlichen Seitenschiff des Langhauses erinnern an kurfürstliche Hofmeister und Professoren der Universität; einige von ihnen zeigen Spuren des Brandes von 1693. Von den zehn **Chorfenstern** haben sich keine originalen Glasreste erhalten. Der Versuch einer Neugestaltung durch Johannes Schreiter scheiterte 1986 am Widerstand der Heidelberger Kirchengemeinde: Nur das kleine **Physik-Fenster** (1984) im südlichen Langhaus ist als Testobjekt eingebaut worden. Es zeigt Bibeltexte neben Albert Einsteins Formel »$e = mc^2$« und dem Datum des Atombombenabwurfs über Hiroshima. Typisch für Schreiters Fensterkunst sind Brandflecke und signalhafte Zeichen. Ab 2006 gestaltete der mit der Ehrendoktorwürde der Theologischen Fakultät der Universität geehrte Künstler die Langhausfenster der Peterskirche (S. 75) und verwendete dabei Motive, die er für die Heiliggeistkirche entworfen hatte. Die **Langhausfenster** an der Nordseite wurden 1999–2001 von der Künstlerin Hella Santarossa entworfen. Auch sie nutzt aktuelle Symbole, zum Teil Fotos, zur Gestaltung. Das große Glasfenster an der Westempore stammt von Hans Gottfried von Stockhausen (1967). Das Langhaus wurde 1441 vollendet und sah als einzigartigen Sonderfall schon in der Planung Kurfürst Ludwigs III., eines leidenschaftlichen Büchersammlers, die Unterbringung der **Bibliotheca Palatina** (S. 82) auf den unterschiedlich hohen Emporen vor: Hier manifestiert sich die Einheit von Universität und Kirche am anschaulichsten. Die berühmte Bibliothek verblieb bis 1622 im Langhaus und wurde dann durch General Tillys Truppen nach Rom verbracht, wo sie den späteren hiesigen Stadtbränden entging. Das Gewölbe des Mittelschiffs ziert ein Deckengemälde aus der Mitte des 15. Jh.s, genannt **Engelskonzert**. Es zeigt acht Flügelwesen musizierend auf zeittypischen Instrumenten – mit einer Ausnahme: Während der Restaurierung in den 1950er Jahren konnte einer der Engel nicht gerettet werden, und Restaurator Harry MacLean ersetzte ihn, Fagott spielend, als Zeichen einer modernen Hinzufügung. Das Gemälde über dem Chorbogen ist ebenfalls ein Werk der 1950er Jahre, Edzard Hobbings ***Jünglinge im Feuerofen***. Auf der südlichen Chorseite sind unter einer Strahlenkranzmadonna **34 Wappen** der Reichsritterschaft in Odenwald und Kraichgau aus der zweiten Hälfte des 15. Jh.s erkennbar. Die **Madonnendarstellung** weist auf den Umstand hin, dass diese heute evangeli-

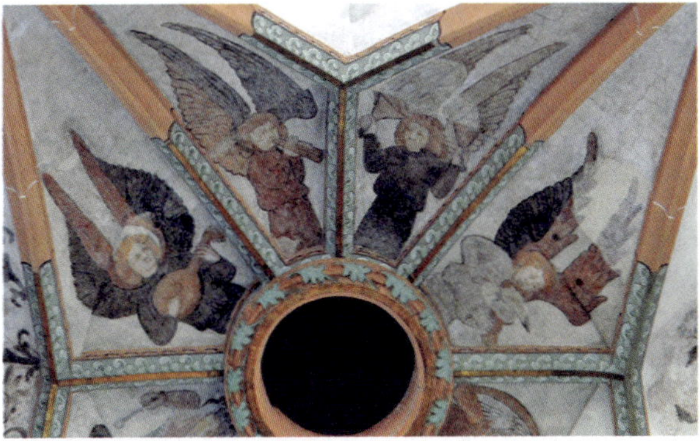

Das *Engelskonzert*, ein Deckengemälde im Mittelschiff der Heiliggeistkirche (15. Jh.); Detail

sche Kirche seit Beginn des 16. Jh.s im Mittelpunkt des Religionskonflikts stand: Die Errichtung einer Scheidewand 1705 sollte die katholische Nutzung des Chors für Gottesdienste festschreiben und den Reformierten das Langhaus zuweisen. Doch Karl Philipp ließ die Mauer 1719 einreißen. Ein häufiger Wechsel von Auf- und Abbau begann, der erst zum Universitätsjubiläum 1936 mit der endgültigen Entfernung der Mauer und der alleinigen protestantischen Nutzung der Kirche beendet wurde. Edzard Hobbings **Altar** (1949) ist ein mächtiger Sandsteinblock in Form eines antikisierenden Sarkophags, der das Baumaterial der Kathedrale aufgreift. Hobbing gestaltete auch das Tympanon über dem **Westportal** (*Das Jüngste Gericht*, 1957). Ein bedeutendes Ausstattungsstück ist zudem die große **Steinmeyer-Orgel** mit 61 Registern, drei Manualen und Pedal im nördlichen Chorraum. Zur Zeit ihrer Inbetriebnahme 1980 war sie mit elektronischer Registertraktur und 256 Setzerkombinationen eines der modernsten Instrumente der Region.

1441 hatte Friedrich I. »der Siegreiche« den **Turmbau** begonnen, der sich über 100 Jahre hinzog. Wuchtig und massiv ist dieser bis in 38 m Höhe quadratisch vor das Langhaus gesetzt, dann wächst er in achteckiger Form bis auf 61 m Höhe, wo sich unterhalb der Turmhaube ein zweiter Umlauf befindet. Der Wetterhahn sitzt auf über 80 m. Die alte gotische Spitze wurde 1515 vollendet und später durch eine barocke Zwiebel ersetzt.

Wer die Heiliggeistkirche umrundet, dem fallen die kleinen **Läden** rings um den Sockel auf: Händlern und Schreibern hatte man von Baubeginn an gestattet, sich zwischen den Strebepfeilern einzurichten. Bei den Brezeln an der Südseite handelt es sich um mittelalterliche Vergleichsmaße. Darüber hinaus sieht man an der Nord- und Südseite drei barocke **Portale** mit den Wappen der Kurfürsten Johann Wilhelm und Gemahlin

Anna Maria Luisa de Medici, die auf die damals strikte Trennung der Konfessionen hinweisen. Das frühe Hauptportal wurde 1967 an die Nordseite versetzt. Die **Sakristei** befindet sich an der Nordostseite mit separatem Eingang. Auch hier findet sich an der Außenseite eine gemalte Strahlenkranzmadonna.

Die an der südlichen Flanke des Marktplatzes gelegene Kurfürstliche **Hof-Apotheke** (I C2), seit 1404 nachgewiesen, wurde 1701 wohl nach Plänen von Johann Jakob Rischer über drei Geschosse mit Mansarddach und von Voluten gefasstem Zwerchhaus erbaut. Das repräsentative Eckhaus stellt in seiner aufwendigen, oberitalienisch und böhmisch geprägten Gestaltung eines der herausragenden Beispiele barocken Bauens in Heidelberg dar. In der zweiten Hälfte des 18. Jh.s wurde es um das Wappen Kurfürst Karl Theodors im Sprenggiebel des säulengerahmten Portals ergänzt, was die hohe Stellung seines Besitzers unterstreicht. Die Apothekennutzung wurde 1878 aufgegeben; für die Aufnahme eines Kaufhauses wurde das Obergeschoss 1897 verändert, 1927 folgte der Umbau des Erdgeschosses. Bei der Restaurierung 1982 erhielt das Gebäude die barocke Farbfassung in sanftem Rot mit marmorierten Brüstungsfeldern zurück.

Im schmalen, nur zweiachsigen Haus **Hauptstraße 196** (I C2), das die Händlerin Dorothea Delph erworben hatte, logierte Johann Wolfgang von Goethe bei seinen Heidelberg-Besuchen 1775 und 1793. Die Stützen des breiten Mitteleingangs sind ein frühes Zeugnis der Verwendung von Gusseisen in Heidelberg.

Wagen sollte man auch einen Blick in die **Krämergasse** (I C2), denn hier befindet sich einer der legendärsten Jazzclubs Deutschlands: das **Cave54** (sprich: »Kaaav«). Gegründet als »Verein zur Pflege der studentischen Geselligkeit«, wurde der Club im ehemaligen Kohlenkeller des Hauses Nr. 1 ab Mitte der

1950er Jahre zum Treffpunkt existenzialistischer Intellektueller und Jazzfreunde. Besucht haben ihn Louis Armstrong und Ella Fitzgerald, Oskar Petersen und Dizzie Gillespie, später auch Carlos Santana und Frank Zappa.

Goethe war 1814 und 1815 Gast im großbürgerlichen Geschäfts- und Wohnhaus **Marktplatz 4** (I C2), das aus der ersten Hälfte des 18. Jh.s stammt und dem Kaufmann Guttenberg gehörte: Hier wohnte der Theologe und Orientalist Heinrich Eberhard Gottlob Paulus. Dieser und sein Sohn waren Goethe eine wichtige Inspirationsquelle für den Gedichtzyklus *West-östlicher Divan*. Im Haus daneben befindet sich seit 1991 die **Max Bar**, deren Innenausstattung aus Paris stammt: ein Treffpunkt frankophiler Heidelberger.

Der **Marktplatz** (I C2) rund um den Chor der Heiliggeistkirche ist seit 1374 dokumentiert als Zentrum der Kernaltstadt unweit der Neckarbrücke. Er war lange auch Ort der Gerichtsbarkeit: Am Heiligabend des Jahres 1572 wurde hier beispielsweise der Ladenburger Prediger Johannes Sylvanus öffentlich enthauptet. In der Mitte des Platzes steht der **Herkulesbunnen.** 1705–06 aus gelblichem Sandstein errichtet, war er einer der Großbrunnen der Stadt. Die Herkulesfigur mit Keule (Original im Kurpfälzischen Museum) geht auf Heinrich Charrasky zurück, der als Leiter der kurfürstlichen Bauverwaltung wesentlich am Wiederaufbau der Stadt beteiligt war und nach dem Friedensschluss von Rijswijk 1697 die Nordseite des Markts als Modellarchitektur zu verwirklichen begann, der die Häuser nach Maß und Gestaltung einheitlich folgen sollten.

Das **Rathaus** (I C2) bildet die Ostgrenze des Marktplatzes. Der barocke Kernbau mit hohem Risalit wurde 1701–03 am Ort des zerstörten Vorgängerbaus errichtet. Der Entwurf wird Baumeister J. Flémal zugeschrieben, über den sehr wenig bekannt ist. Die dreigeschossige, mit Kolossalpilastern gegliederte Front aus hellrotem Sandstein wird von einem wuchtigen Mansardwalmdach abgeschlossen und ist als Repräsentationsbau leicht zu erkennen, nicht zuletzt aufgrund des Ehrenbalkons mit prächtigem Ziergitter über dem Eingang (1751) und des kurfürstlichen Wappens über der Beletage. Der Segmentbogenabschluss des mittleren Zentralbaus fand in Heidelberg viele Nachfolger, etwa beim »Haus zum Riesen« (S. 94). Die Erweiterungsbauten rechts und links entwarf Hermann Lender 1886–90; er gestaltete auch den **Rathaussaal** neu mit Gemälden und Schnitzereien des Münchner Malers Wilhelm Lindenschmit. Der Erweiterung des Haupthauses zur Neckarseite hin musste Ende des 19. Jh.s das Gasthaus »Zum (Goldenen) Hirsch« weichen, in dem im 16. Jh. Götz von Berlichingen und Philipp Melanchton logiert hatten. Dach und Teile der Innenausstattung des Rathauses wurden 1908 durch Feuer zerstört. Ein Umbau mit barockisierendem Entwurf von Franz Sales Kuhn wurde 1911–14 und 1921–24 umgesetzt. Ein Ergänzungsbau im Osten folgte 1966. Die seitlichen Neubauten ordnen sich dem vorgegebenen Stil des Haupthauses unter.

Der benachbarte **Kornmarkt** (I C2) entstand durch den Abriss eines seit 1290 bestehenden Bürger- und Kurspitals 1557/58, das ins Dominikanerkloster verlegt worden war. Die in die Pflasterung eingelegten Umrisse zeigen das Fundament der einstigen Spitalkapelle. Der 1600 erstmals erwähnte Platz wurde seit dem 18. Jh. als Kornmarkt genutzt. Die Westseite war ab 1792 durch das **»Hotel Prinz Carl«**, eines der größten Hotels in Heidelberg, geprägt. Es wurde 1978 wegen Baufälligkeit abgerissen: Gerettet werden konnte nur der historische Spiegelsaal – er wurde in den modernen städtischen Zweckbau (1987–90) mit leicht historisierender Fassade integriert und wird heute für festliche Empfänge und Konzerte genutzt. Im Zuge der Gegenreformation wurde in der Mitte des Platzes 1718 die **Kornmarktmadonna** als politisches Zeichen gegen

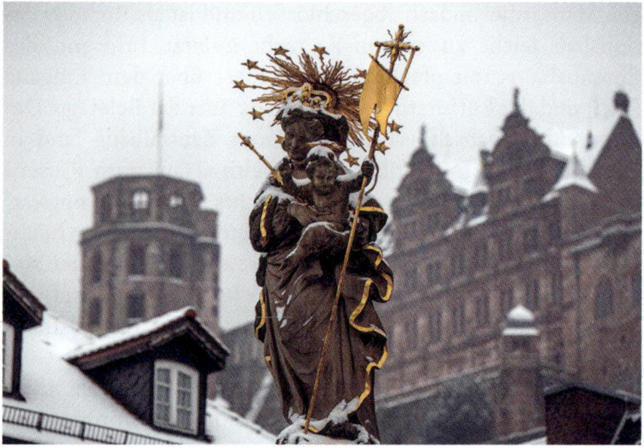

Die *Kornmarktmadonna* (1718) mit dem Schloss im Hintergrund

die noch in der Mehrzahl reformierte oder lutherische Bevölkerung aufgestellt, unterstützt vom katholischen Hof Kurfürst Karl Philipps und den hier wieder ansässigen Jesuiten: Der Düsseldorfer Hofbildhauer Peter van den Branden schuf eine kämpferische Gottesmutter (Original im Kurpfälzischen Museum) auf Basis mehrerer Bildtypen. Sie steht auf der von vier Putten gestemmten goldenen Erdkugel und zertritt eine Schlange, die der Jesusknabe mit der Kreuzesfahne tötet. Ihr wallendes Gewand ist mit Goldband eingefasst, Strahlenkranz und Lilienzepter weisen sie als Himmelskönigin aus. Selten ist der kämpferische Aspekt bei einer Mariendarstellung so herausgestellt worden, was der deutsche Text am Sockel, der seit 1830 als Brunnen dient, noch verstärkt: »Noch Stein, noch Bild, noch Säulen hier, das Kind und Mutter ehren wir.« Das bezieht sich auf Passagen des *Heidelberger Katechismus* (1563), der die Anbetung von Heiligenbildern als »Götzendienst« abtat. Wie die meisten Hausmadonnen entlang der Hauptstraße, so ist vor allem diese Madonnenfigur als politische Kampfansage zu verstehen. Im 18. Jh. war sie Ziel- oder Ausgangspunkt zahlreicher katholischer Prozessionen.

Das Eckhaus Kornmarkt/Karlsstraße, genannt **Palais Graimberg** (I C2), wurde als Vierflügelanlage 1713 durch Hofkammer-Vizedirektor Johann Weyler errichtet und 30 Jahre später durch ein repräsentatives Vorderhaus zum Kornmarkt hin erweitert. Das gesamte Anwesen erstand 1839 der französische Graf Charles de Graimberg, der es in ein »Musée des Antiquités du Château de Heidelberg« umbaute. Aus dieser Zeit stammen auch die beiden torbogigen Großfenster und die Balkone an der Ecke zum Kornmarkt, die Besucher anziehen sollten und wo sich diesen die Möglichkeit bot, Zeichnungen und Drucke vom Künstler selbst zu erwerben. Graimberg war 1810 aus Paris nach Heidelberg emigriert und blieb der Stadt bis zu seinem Tod 1864 verbunden. Er erkannte die Schlossruine als Objekt eines romantischen Landschaftsideals, zugleich aber auch ihren sich durch Vandalismus rasant beschleunigenden Zerfall. Graimbergs akribische Dokumentation und Sicherung von Originalobjekten bildete später den Grundstock der städtischen Sammlung Heidelberger Altertümer im Kurpfälzischen Museum (S. 85).

Im Osten schließt sich der **Karlsplatz** (I C2) an. Bis 1803 stand hier das Barfüßerkloster der Franziskaner – die Anwohner des »Kalten Tals« räumten die Überbleibsel des leerstehenden Klosters ab, denn der Platz galt früh als geeignet für Paraden mit Blick auf die Schlossruine: Kaiser Franz von Österreich und Zar Alexander von Russland nahmen hier 1815 das Defilee der gegen Napoleon siegreichen russischen Regimenter ab, was von Friedrich Rottmann im Aquarell festgehalten wurde. Heute ziert den Platz der **Sebastian-Münster-Brunnen** des

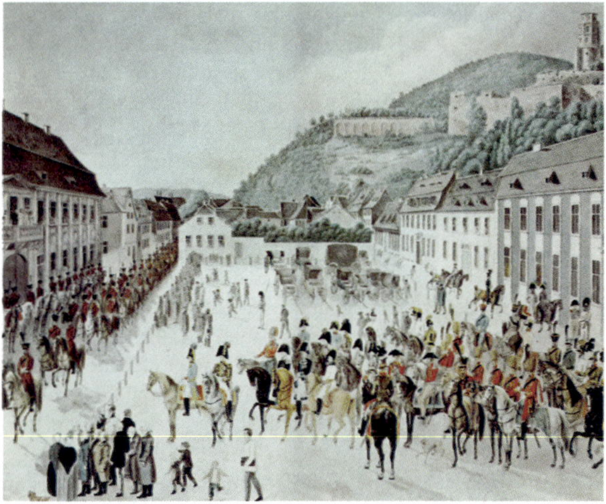

Einzug der gegen Napoleon siegreichen russischen Truppen in Heidelberg; Karlsplatz. Kolorierte Zeichnung von Friedrich Rottmann (1815)

Berliner Bildhauers Michael Schoenholtz aus dem Jahr 1978. Der Theologe, Kosmograph und Humanist Münster weilte in den 1520er Jahren in jenem Kloster, das an dieser Stelle stand. Der Brunnen bezieht sich auf dessen mathematisch-astronomische Interessen: Die schräg-versetzten, elliptischen Flächen weisen auf die Planetenbahnen hin. Im Zentrum befindet sich – nach Kenntnis jener Epoche – die Erde, auf der die Menschen zum Teil Kopf stehen.

Rund um den Karlsplatz stößt man auf mehrere repräsentative Anwesen. Das Palais Hundheim, heute **Akademie der Wissenschaften** (I C2), bietet die beherrschende Schaufront:

Eine regelmäßige Doppelreihe von jeweils zwei mal sechs faszierten Ohrenfenstern wird durch den ochsenblutroten Sandstein der Rahmung auf weißen Putzfeldern stark betont. Der auffällige rundbogige Mittelrisalit mit Hofdurchfahrt und Balkon mit hohem Fenster weist auf französische Vorbilder und korrespondiert mit Teilen des Darmstädter Schlosses, was den vagen Schluss zulässt, der Darmstädter Hofarchitekt Louis Remy de la Fosse könnte dieses Palais 1717 für den Oberamtmann Carl Philipp Freiherr von Hundheim gebaut haben. Doch dieser verkaufte das Gebäude schon im Rohbau an Regierungsrat Adamo Ernst von Sachs, der es ausstattete. 1767 übernahm es die Kurpfälzische Regierung, die dann Nicolas de Pigage mit kleineren Umbauten beauftragte. Das Palais, seit 1803 großherzoglich, ging 1920 an das Land über zur Einrichtung einer Akademie. 1967–70 wurde es erneut instandgesetzt, wobei zahlreiche Teile originaler Innenausstattung gerettet wurden. So ziert noch heute ein kunstvolles Flechtbandgeländer das Treppenhaus, und Stuckarbeiten weisen Ähnlichkeiten mit der Ausstattung des Mannheimer Schlosses auf. Ein großer Garten ist zum Teil in den Schlossberg terrassiert. Die Heidelberger Akademie der Wissenschaften wurde 1909 gegründet. Ihr besonderer Schwerpunkt liegt auf der Herausgabe des *Deutschen Rechtswörterbuchs* sowie des *Goethe-Wörterbuchs*. Außerdem werden hier bedeutende Ausgaben von Werken aus der Zeit des Humanismus erarbeitet, zu denen ein Luther-Register sowie Editionen von Texten Martin Bucers, Philipp Melanchthons und Johannes Reuchlins gehören.

Gegenüber liegt das **Haus Boisserée** (vormals Palais Sickingen, I C2), das nach den Brüdern Sulpiz und Melchior Boisserée benannt ist. Diese mieteten 1810–19 einige Wohnräume und zeigten darin ihre Sammlung altdeutscher Meister. Nicht nur Goethe besuchte diese Bildergalerie mehrfach, die später nach München veräußert wurde und dort den Grundstock der Alten

Pinakothek bildete. Der Hofkammerpräsident Reichsgraf Franz von Sickingen ließ das Palais 1703–05 bauen, bereits klassizistisch geprägt, mit je zwölf Fenstern in Doppelreihe, Mittelrisalit mit Balkon und Hofdurchfahrt sowie voluminösem Mansardwalmdach. 1826 erwarb es das Land Baden und nutzte es lange als Amtshaus – auch als Polizeidirektion und Sitz der Gestapo in den Jahren ab 1933. Der Gesamtkomplex wurde 1969–74 grundlegend erneuert und für das Germanistische Seminar der Universität Heidelberg eingerichtet. Das Goethe-Zimmer, das dieser 1814 und 1815 bewohnte und als »lieblichstes Quartier [...] neben der Gemäldesammlung« beschrieb, konnte bisher nicht identifiziert werden.

Das Haus, das den Platz in der Südostecke begrenzt, ist durch einen seiner Bewohner bedeutend, aber auch wegen seines guten äußeren und inneren Erhaltungszustands: das sogenannte **Mittermaier-Haus** (I D2). Im frühen 18. Jh. erbaut, verdankt es seine wesentlichste Umgestaltung Franz Anton Mai: Er ließ es unter Mitwirkung seines Schwiegersohns, des Mannheimer Hofbildhauers Peter Anton von Verschaffelt, zwischen 1785 und 1800 neu ausstatten. Der Rechtsgelehrte Karl Joseph Anton Mittermaier, Badischer Abgeordneter der Frankfurter Nationalversammlung 1848–49, erstand es 1822. Es blieb bis 1958 im Besitz der Familie. Dem regelmäßig gegliederten barocken Fassadenbau schließen sich zwei Seitenflügel im Hof an. Im Innern ist ein verkleideter Bücherschrank bemerkenswert, den Veduten des Heidelberger Schlosses und des Schwetzinger Schlossparks zieren, die auf Carl Kuntz (um 1795) zurückgehen. Das Haus gehört heute einer Studentenverbindung.

Eines von vielen historischen Gasthäusern in Heidelberg befindet sich in der Hauptstraße 213 (I C2): Der Bierbrauer Josef Ditteney übernahm das 1704 erbaute Haus 1848 und richtete darin ein Studentenlokal ein, das bald nach ihm **»Sepp'l«** (Josef) genannt wurde. Die farbigen Glasfenster mit Wappenrittern wurden 1883 gestiftet. Die Innenräume sind erhalten und aufwendig saniert worden. Die Bierkeller reichen bis in 6 m Tiefe und haben durch einen Tunnel Verbindung mit dem Haus in der Heiliggeiststraße 23, wo sich seit 1890 die dazugehörige Brauerei befindet. In der Hauptstraße 217 (I C/D2) trifft man auf den **»Roten Ochsen«**, ein weiteres Studentenlokal. Auch dieses Haus ist unterirdisch mit der Heiliggeiststraße 23 verbunden. 1907–09 entstand das Verbindungshaus **Hauptstraße 231** (I D2) in üppigem Neorokoko: Auf der angrenzenden Gartenmauer findet sich ein Hinweis auf das Innere Obertor, das bis 1750 die Ostgrenze der Stadt markierte.

Das Palais Leuneschloß, später **Haus Buhl** (I D2) genannt, fällt mit seiner Freitreppe auf und wurde 1703–17 errichtet. 1889 gelangte es in den Besitz von Professor Heinrich Buhl, dessen Witwe es 1913 erweiterte, bevor es die Universität erwarb. Das Treppenhaus im Louis-seize-Stil aus der Zeit um 1763–84 wurde ausgeführt von Giuseppe Pozzi, einem Mitarbeiter Nicolas de Pigages. Das Herrenzimmer stammt von 1889–1907. In der Weimarer Republik befand sich hier Hans von Eckardts berühmtes »Institut für Zeitungswesen«. Heute ist hier der Sitz des interdisziplinären Marsilius-Kollegs, das nach dem Gründungsrektor der Universität, Marsilius von Inghen (um 1335 – 1396), benannt ist.

Direkt gegenüber befindet sich das **Palais Weimar** (I D2). Der Grundbau, um 1714 errichtet, wird dem Architekten der Alten Universität, Johann Adam Breunig, zugeschrieben. Als einziges Heidelberger Palais folgt es dem französischen Stadthaustypus mit zurückversetztem Corps de logis und vorgelagertem Ehrenhof. Ab 1760 wurde das Gebäude als Baumwollmanufaktur genutzt, 1784 wurde darin eine Landwirtschaftliche Hochschule eingerichtet. 1818 in klassizistischer Manier modernisiert, ging es Ende des 19. Jh.s in den Besitz von Prinz

Wilhelm von Weimar über, dem Bruder des regierenden Großherzogs von Sachsen-Weimar. 1919 gründeten der Mineraloge Victor Goldschmidt und seine Frau in Erinnerung an ihre Eltern hier die »Josephine und Eduard von Portheim-Stiftung für Wissenschaft und Kunst«. Heute beherbergt der relativ schmucklose Bau das **Völkerkundemuseum**, dessen Sammlungsschwerpunkt in Objekten aus Religion, Kunst und Alltag der Regionen Asiens, Afrikas und Ozeaniens liegt. Auf der Bergseite, gegenüber dem heutigen Restaurant »Herrenmühle«, schloss sich das Kloster der Unbeschuhten Karmeliten aus Wien an: Die Klosterkirche, 1724 geweiht, war Grablege des Hauses Wittelsbach und letzte Ruhestätte für insgesamt zehn Familienmitglieder. Nach der Aufhebung 1803 überführte man alle hier bestatteten Wittelsbacher in St. Michael nach München. Das Klosterareal wurde versteigert und abgebrochen.

Die Hauptstraße endet im Osten mit dem **Karlstor** (I D2). 1775–84 errichtet, war es als Dank an Kurfürst Karl Theodor gedacht, der von Mannheim aus die Geschicke der früheren Residenzstadt lenkte, dessen Hof aber bereits 1778 nach München übersiedelte. Heute auf einer Verkehrsinsel stehend, gilt es als herausragendes Beispiel frühklassizistischer Triumphbogen nach römischem Vorbild. Es wurde als Ersatz für das Innere Obertor durch den kurpfälzischen Oberbauinspektor Nicolas de Pigage außerhalb der damaligen Stadtgrenze geplant und errichtet. Je zwei Säulenpaare tragen ein dorisches Gebälk, auf dem auf der Außenseite das kurpfälzische Wappen, flankiert von zwei Löwen, ruht. Zur Stadt hin sieht man ein Reliefmedaillon des Herrscherpaars. Flankierende Rundtürme mit Zinnenkranz stützen die Ehrenpforte, der Ähnlichkeiten mit dem mittelalterlichen Stadttor der Alten Brücke nicht abzusprechen sind. Eine Wohnung für die Wachen sowie ein Kellergefängnis befanden sich im Innern: Es wird heute als Künstleratelier genutzt. Ein Kassettengewölbe rundet dieses signifikante Wahrzeichen Heidelbergs an der Grenze zum Neckartal ab, das antikisierende Motive mit dem Louis-seize-Stil verbindet.

An das Karlstor schließt sich der Bahnhof Heidelberg-Altstadt (**Karlstorbahnhof**) an, der auf eine Empfangshalle der Neckartalbahn von 1872–73 zurückgeht. Der heutige Bau entstand 1934–36 und wurde 1995–2022 als Kulturzentrum genutzt.

Die **Neckar-Staustufe** (I D1) Heidelberg besteht aus einer Doppelschleuse am Südufer sowie einem Wasserkraftwerk und einer dreifeldrigen Wehr. Ihre Nähe zur Altstadt wurde beim Bau 1929 als störender Eingriff in die natürliche Landschaft heftig kritisiert. Über sie verläuft ein Fußweg. Am nördlichen Neckarufer entlang der Ziegelhäuser Landstraße befinden sich mehrere bemerkenswerte Villen (S. 142 f.).

Von der Alten Brücke zwischen Neckar und Unterer Straße zum Marstall

Die **Karl-Theodor-Brücke**, meist **»Alte Brücke«** genannt ◆ (I C1–2), ist schon die achte nachrömische Flussquerung an dieser Stelle. Sie wurde nach Zerstörung des Vorgängerbaus durch Eisgang ab 1784 errichtet und 1788 eingeweiht. Am 29. März 1945 sprengten abrückende Soldaten der Wehrmacht zwei Pfeiler und brachten damit drei Bögen zum Einsturz. Die Brücke wurde wiederhergestellt und am 26. Juni 1947 dem Verkehr übergeben. Eine Umbaumaßnahme 1969 betraf die sehr niedrige Unterführung für die Bundesstraße 37 am Südufer. Ein erster Nachweis für eine Flussquerung an dieser Stelle datiert in das Jahr 1284: Nach den römischen Querungen war der Neckar für fast ein Jahrtausend nur mit Fähren zu überwinden gewesen. Die erste Abbildung eines Flussübergangs bei der Steingasse stammt von Sebastian Münster (1526) und zeigt das bereits im Mittelalter bezeugte, heute noch in seiner Grundform existierende doppeltürmige Stadttor am Südufer des Neckars sowie einen Wehrturm am Nordufer. Weitere frühe Abbildungen, etwa von Matthäus Merian (1620), zeigen Übergänge mit sieben steinernen Pfeilern im Fluss und überdachtem hölzernen Brückenlauf. Da das der Stadt gegenüberliegende Nordufer zum Einzugsbereich der Mainzer Bischöfe gehörte, der Fluss also Landesgrenze war, mussten Brücken entsprechend gesichert werden. Der Nordturm (heute nicht mehr vorhanden) war bis 1460 Grenz- und Zollstation (erst Friedrich I. »der Siegreiche« erweiterte das pfälzische Territorium um diese Neckarseite und den Heiligenberg) – er stand über dem siebten Pfeiler und war durch eine Zugbrücke mit dem Ufer verbunden. Die Münster-Abbildung lässt hier ein zeittypisches Affenwappen erkennen, weshalb der Nordturm auch **Affenturm** genannt wurde: Der »aff von Heydelberck« findet in Sebastian Brants *Narrenschiff* von 1494 Erwähnung und war eine spöttische Begrüßung fremder Besucher. 1632 legte der Merian-Mitarbeiter Martin Zeiller dem Brückenaffen, der seit 1979 in einer Neuinterpretation von Gernot Rumpf am Südufer positioniert ist, die Worte in den Mund: »Was thustu mich hie angaffen / Hastu nicht gesehen den alten Affen / Zu Hydelberg / Sich dich hin unnd her / Da findestu wol meines gleichen mehr.« Der Affenturm wurde, wie die Tortürme auf der Südseite, die Teil der Stadtbefestigung entlang des Flusses waren, bis ins 19. Jh. als Wohnung des Brückenwächters sowie als Karzer genutzt. Auf der Nordseite im Osten fand die **Statue des Hl. Nepomuk** von 1738 Aufstellung, die wahrscheinlich aus der Werkstatt Johann Matthäus van den Brandens, des Sohnes des Schöpfers der *Kornmarktmadonna* (S. 49), stammt. Das Original stürzte beim Eisgang im Winter 1783/84 in den Fluss und wurde später etwas abseits wieder aufgestellt (heute Kopie).

Bei dieser Naturkatastrophe wurde, wie schon angesprochen, die gesamte hölzerne, überdachte Vorgängerbrücke zerstört: Nach dem Ausbruch des Vulkans Laki auf Island kam es in ganz Europa zu gewaltigen Temperaturstürzen und große Schneemassen waren die Folge. Ernst Ferdinand Deurer, Kommissär der von Kurfürst Karl Theodor gegründeten Kurpfälzischen Akademie der Wissenschaften, schildert den Verlauf der Vorgänge: Die Temperaturen sanken auf bis -30 °C, die Schneedecke schichtete sich bis zu 1,50 m auf. In wechselnden Tau- und Frostphasen schoben sich im Februar dicke Eisschichten übereinander, die durch Schmelzwasser nach oben gedrückt wurden. Sie drängten am 27. Februar 1784 in die Altstadt und gegen die Brücke, zerstörten 39 Häuser komplett, beschädigten weitere 290 und trugen alle hölzernen Teile der Brücke davon. Der Wasserpegel erreichte 8,12 m über Normal, der Neckar überflutete den Marktplatz sowie Teile der Hauptstraße und stand an den untersten Stufen der Heiliggeistkirche. An mehreren Stellen der Altstadt sowie am zweiten Brückenpfeiler beim Brückentor ist dieses Hochwasser als stärkstes der Geschichte gekennzeichnet. Nur durch ein Frühwarnsystem mit Reitern und nächtlichen Fackelträgern entlang des Flusses konnte verhindert werden, dass in Heidelberg Menschen ums Leben kamen. In ähnlicher Weise waren in diesem Winter auch Köln, Würzburg, Bamberg, Dresden, Regensburg, Nürnberg und Prag von extremen Hochwassern betroffen. Eine neue Querung sollte daher nach dem Plan des Wasseringenieurs Johann Andreas Traitteur als erste gänzlich steinerne Brücke durch eine geschwungene, in der Flussmitte erhöhte Form die Gefahr künftiger Zerstörung durch Eis und Hochwasser mindern. Als aber der Wunsch hinzu kam, die Brücke nach Westen zu verlegen, um einen Anschluss an die besser zu befahrende Haspelgasse zu ermöglichen (Plan von Nicolas de Pigage und anderen), eskalierte der Wettstreit verschiedener Parteien, den erst die Eingabe des Bauinspektors Mathias Mayer löste: Dieser stellte sachlich fest, dass sich die Nutzung der teilweise noch bestehenden Pfeiler der Vorgängerbrücke kostensparend auswirken würde, und erhielt 1785 prompt den Auftrag des Kurfürsten für den Brücken-Neubau, wobei er sich mit der Erhöhung der mittleren Brückenjoche an die Idee Traitteurs hielt. Er folgte auch dem Hinweis Deurers, dass eine erneute Überdachung der Brücke den Blick in die Landschaft und auf das Schloss behindern würde, was zeigt, dass die Neckarbrücke mit freiem Blick auf Burg und Stadt gegen Ende des 18. Jh.s bereits als Landschaftserlebnis im Sinne der Romantik empfunden wurde. So entstand die Karl-Theodor-Brücke als eines der schönsten und letzten Beispiele barocker Baukunst. Sie war mit 165 282 Gulden auch das zweitteuerste Bauprojekt der alten Kurpfalz nach dem Mannheimer Schloss.

Von Beginn an wurde sie von Dichtern besungen: Goethe, der noch die Vorgängerbrücke kannte, pries 1797 ihre »Schönheit, wie vielleicht keine andere Brücke der Welt«. Friedrich Hölderlins Ode *Heidelberg* (1800) hält in der zweiten Strophe auch ihren Zweck als Transportweg fest: »Wie der Vogel des Waldes über die Gipfel fliegt, / Schwingt sich über den Strom, wo er vorbei dir glänzt, / Leicht und kräftig die Brüke, / Die vor Wagen und Menschen tönt.« Und Gottfried Keller, der hier 1848–50 studierte und unglücklich verliebt war, reimte: »Schöne Brücke, hast mich oft getragen, / Wenn mein Herz erwartungsvoll geschlagen / Und mit dir den Strom ich überschritt. / Und mich dünkte, deine stolzen Bogen / Sind in kühnem Schwunge mitgezogen, / Und sie fühlten meine Freude mit.« Auch in der Malerei nimmt das Motiv der Alten Brücke vor Stadt und Schloss, aber auch mit Blick nach Westen, einen besonderen Stellenwert vor allem in der Romantik ein. Unter anderen hielten sie Franz Kobell, Friedrich Rottmann, François

Stroobant, Johann Jakob Müller, Bernhard Fries, Christian Philipp Koester, Karl Weysser, Theodor Verhas und William Turner in die Landschaft eingebunden fest. Auch spätere Maler widmeten sich dem Bau.

Architektur und Ausstattung: Die Alte Brücke wird bei ca. 200 m Länge und 7 m mittlerer Breite aus neun unterschiedlich weiten Tonnengewölben gebildet, die in drei Abschnitten jeweils in Ufernähe an- und absteigen und die erhöhte Mitte auf etwa gleichem Niveau halten. Steigung und Gefälle der Fahrbahn sind so berechnet, dass sie mit Fuhrwerken zu überwinden sind. Der geschwungene, harmonische Gesamteindruck unterstützt eine repräsentative Wirkung, die die Sandsteinkonstruktion durch gezielt gesetzte Balkone und Skulpturen nach dem Beispiel der Prager Karlsbrücke gewinnt. Zwei Standbilder wurden von dem kurpfälzischen Hofbildhauer Conrad Linck (1730–1793) aus Speyer gefertigt, der in Würzburg, Wien und Berlin ausgebildet worden und leitender Modelleur der Frankenthaler Porzellanmanufaktur war. Beide Statuen (Originale im Kurpfälzischen Museum) stehen auf der flussabwärts gelegenen Brückenseite, nach Osten ins Neckartal blickend. Sie gelten durch ihre freistehende Position in der strengen Gliederung des Bauwerks als »charaktervolle Beispiele spätbarocker Brückenplastik« und erheben sich auf vierseitig mit allegorischen Reliefs versehenen Sockeln, die jeweils von vier liegenden Vollplastiken umgeben sind.

Am Nordufer begrüßt die griechische ***Pallas Athene*** bzw. römische ***Minerva*** den Ankommenden. Die Statue wurde auf Wunsch Karl Theodors errichtet, der nach einer Besichtigung des fertiggestellten Bauwerks ein zweites schmückendes Figurenelement neben seinem eigenen Standbild am Südufer für angemessen hielt. Die römische Göttin der Weisheit, Wissenschaft, Klugheit, der freien Künste, der Baukunst, der Poesie und der Stadttore wird zu ihren Füßen durch signifikante Allegorien der Gerechtigkeit, Frömmigkeit, des Ackerbaus und des Handels unterstützt. In den Puttenreliefs des Sockels werden Architektur, Malerei und Bildhauerei sowie Musik und Astronomie gepriesen, Wissenschaften und Künste, die Karl Theodor nicht nur in seiner Mannheimer Zeit förderte und zum Teil selbst ausübte.

Überschreitet man den Scheitelpunkt der Brücke, der etwa 3 m über dem Niveau des Marktplatzes liegt, von Norden her, so taucht das Stadttor wie aus einem Bühnenboden im Theater auf – ein zweifellos willkommener Effekt, denn mit theatralischer Pose ist nun auch das **Standbild Karl Theodors** zu sehen. Es zeigt den gerüsteten Landesherrn, der die Pfalz inzwischen von München aus regierte und die Baukosten für die Brücke der Stadt und ihren Bürgern überließ, das linke Bein leicht vorgestellt und den Blick zum Schloss gerichtet – das 1788 längst Ruine war und bleiben sollte. Unter wallender Allongeperücke trägt er volle Rüstung, über die ein schwerer Hermelinmantel fällt. Die Silhouette dieser Statue wirkt von Ferne stattlich. In der gestreckten Rechten hält der Fürst den Kommandostab, die Linke stemmt er in die Hüfte. Die lateinische Sockelinschrift lautet übersetzt: »Dem Vater der Pfälzer Carl Theodor haben dieses Denkmal ihrer frommen Verehrung errichtet Senat und Volk von Heidelberg im Jahre 1788.« Je zwei weibliche und männliche **Flussgottheiten** umlagern das Postament. Es ist ungewiss, welche Flüsse konkret gemeint sind, da personifizierende Attribute fehlen. Die pfalzbayerischen Hauptströme Rhein, Donau, Neckar und Mosel wären anzunehmen. Da aber nach klassischer Darstellung die Donau (lat. Danuvius) als männlicher Flussgott verbildlicht wurde und somit drei männliche einer weiblichen Gottheit gegenüberstünden, ist die vermeintliche Darstellung des Neckar eher als Sinnbild der Isar, des Flusses der damals aktuellen Residenz in München, zu deuten. Die Vorderseite des Sockels ziert das von Ordensketten umgebene Kompositwappen Pfalz-Bayerns mit dem Reichsapfel als Zeichen des Reichstruchsessenamts und bekrönendem Pfälzer Kurhut. Die drei **Reliefs** mit Putten wurden erst später hinzugefügt. Sie zeigen (links) auf einer Säule liegend den Kurhut, unter dem ein Löwe ruht; auf einem Kissen wird der Reichsapfel herbeigebracht, Symbol für das nach dem Dreißigjährigen Krieg wiedergewonnene Reichsamt des Truchsessen. Die Jahreszahl 1777 rechts oben ist vor Ort verwittert – es ist das Jahr der wiedervereinigten Erblande Pfalz und Bayern, worauf auch die deutsche Sockelinschrift Bezug nimmt. Das rechte Relief zeigt Minerva. Die Patronin der Hohen Schule steht in engem Zusammenhang mit der 400-Jahr-Feier der Universität im November 1786, als zeitgleich die Schließung der letzten Brückenbögen feierlich begangen wurde. Die von der Brücke aus nicht einsehbare Rückseite des Sockels rühmt den Kurfürsten zu seinem 50. Regierungsjubiläum 1792.

Zum Brückenaffen am Südufer und zur Statue des Hl. Nepomuk s. S. 58.

Die Grundstruktur des doppeltürmigen **Brückentors** (I C2) geht ins frühe 13. Jh. zurück und war Teil der Stadtbefestigung, wie am eisernen Fallgitter (heute Attrappe) zu erkennen ist. 1709–11 setzte man den Türmen barocke Hauben auf. Beim Neubau der Brücke ab 1785 gestaltete Mathias Mayer die Tordurchfahrt zur Triumphpforte und die Türme durch Bebänderung im Louis-seize-Stil um. Die Flussseite wirkt mit Löwenfiguren, Giebel und Schießscharten kraftvoll, wobei der Schmuck in Rohform stehenblieb. Die Stadtseite gibt sich mit Schmuckfries und Balustrade festlicher. Der westliche **Schuldturm** wurde als Gefängnis genutzt, im **östlichen Turm** führt eine Wendeltreppe zur über dem Torbogen gelegenen Wohnung des Brückenwärters, die 1947 der am Wiederaufbau der Brücke beteiligte Architekt Rudolf Steinbach bezog. Sie wurde

1956–91 von dem Dichter Gert Kalow übernommen. Beide pflegten diese besondere Lokalität als literarisch-philosophischen Begegnungsort, wo unter vielen anderen Heinrich Böll, Hans-Magnus Enzensberger, Erich Fried, Philippe und Ré Soupault, Jürgen Habermas, Dolf Sternberger, Karl Jaspers, Hans Georg Gadamer, Wolfgang Fortner sowie Erwin Walter Palm und Hilde Domin häufig Gäste waren. Heute ist das Tor unbewohnt.

Östlich an das Brückentor anschließend, befand sich die **Neckarschule** (I C2), die seit 1425 als Lateinschule etabliert war und nach Zerstörung 1706 als Stipendiatenhaus der Reformierten wiederaufgebaut wurde. Nach dem verheerenden Eisgang von 1784 wurde es umgenutzt, und der Maler Friedrich Rottmann nutzte es bis zu seinem Tod 1816 als Wohnhaus. Ein Durchgang zum Neckar war als Pferdetränke von hoher Bedeutung für den Standort.

Westlich des Brückentors befindet sich der **»Holländer Hof«** (I C2): Die Wurzeln eines Gasthauses an dieser Stelle reichen bis ins Jahr 1588 zurück. Zu Beginn des 20. Jh.s wurde der Bau aufgestockt, umgestaltet und ausgebaut.

Bis 1836 stand hier das Gasthaus »Zum Schwert«, später als **»Goldener Hecht«** bekannt. Dieser Name ging 1888 auf das Eckhaus zur Steingasse (I C2) über, das heute mit auffälligem schmiedeeisernen Ausleger und vergoldetem Schuppentier (Otto Luithle, 1933) sowie schmuckvollem Wappen über dem Mittelfenster der Beletage für sich wirbt. Dieses repräsentative dreigeschossige Barockhaus mit Mansarddach wurde 1717 als Wohnhaus errichtet. Viele Berühmtheiten waren hier zu Gast; legendär geworden ist ein Abend der »Gemeinschaft« um den Kunsthistoriker Wilhelm Fraenger nach einem Konzert von Paul Hindemith in der Alten Aula 1922, das beinahe zu einem Skandal geworden war und dessen feuchtfröhlichen Nachklang im »Hecht« Carl Zuckmayer in seiner Autobiographie eindrucksvoll schildert. Bei einem Brand 1989 wurden Teile der historischen Innenausstattung zerstört; die Wandmalereien aus den 1920er Jahren konnten restauriert werden.

Die **Steingasse** (I C2) erhielt ihren Namen nach den ersten Steinhäusern des Adels – wie Nr. 9. Bereits 1381 ist die Durchfahrt namentlich erwähnt. Die älteste Brunnengemeinschaft Heidelbergs ist hier verbürgt. Die durchgängig mittelalterliche bis barocke Bebauung mit überwiegend erhaltenen Ladenfronten ist in sich geschlossen, wobei der Platz vor dem Brückentor als Rangierfläche und Parkplatz bei Stau – hier war der Brückenzoll zu entrichten – über Jahrhunderte einer der verkehrsreichsten und für die Gastronomie und Hotellerie lukrativsten Standorte der Stadt war. Bis heute schlägt hier auch das touristische Herz der Heidelberger Altstadt.

Die **Hofanlage Steingasse 9** wurde zwischen 1698 und 1733 vermutlich auf älteren Resten (Adelshof Klein Schoneck, 1307) errichtet. Die Barockfassade mit regelmäßigen Ohrenfenstern, breiter Durchfahrt und pilastergeschmücktem Zwerchhaus mit Segmentbogengiebel wurde als Motiv vom Rathausbau (S. 48) übernommen. Beim Umbau 1958 zum Gasthof wurde die ursprüngliche Raumaufteilung aufgegeben und der Hauseingang verlegt. Eine weitere erhaltene Hofanlage befindet sich in **Nr. 14**, errichtet um 1720.

Der **Fischmarkt** (I C2) ist seit 1487 an der Flussseite der Heiliggeistkirche dokumentiert. Um den Platz zu erweitern, brach man 1698 Kapellenanbauten an der Kirche ab. Eines der markantesten Häuser ist hier der vornehme dreigeschossige Putzbau unter Mansardwalmdach mit Nischenmadonna, das der (Wasserbau-)Ingenieur und Baumeister Johann Andreas Traitteur 1778 erwarb und im Louis-seize-Stil umgestaltete (Fischmarkt 4). Der Grundbau wurde 1733 errichtet. Seine abwechselnd halbrunden oder spitzgiebligen Fenster- und Portalbedachungen sowie das aufgesetzte Mezzaningeschoss verleihen diesem Haus den Charakter eines italienischen Palazzo, dessen historische Raumstruktur und Innenausstattung erhalten sind.

Haus Cajeth (I C2): An der Stelle dieses Hauses in der angrenzenden Haspelgasse (Nr. 12) stand zuvor ein mittelalterliches Kaufhaus, das 1424 »Dantzhaus« genannt wurde. Es verfügte über einen großen Saal, in dem 1613 auch das Festbankett zur Hochzeit Kurfürst Friedrichs V. mit Elisabeth Stuart stattfand. 1693 brannte diese Markthalle ab. Das Haus Cajeth wurde als repräsentatives Wohn- und Geschäftshaus des kurpfälzischen Münzprüfers Anton Cajeth 1733–35 errichtet. Das Vorderhaus wird dem Architekten und Bühnenbildner Alessandro Galli di Bibiena zugeschrieben. Im 19. Jh. wurde es um einen Flügel erweitert. 1795 kauften die Brüder Zimmern das Anwesen und errichteten darin ein Bankhaus. Ihre Erben pflegten einen Salon, in dem Ludwig Börne, Justinus Kerner, Berthold Auerbach, Nikolaus Lenau und Henriette Feuerbach gern gesehene Gäste waren. Auch Kaiserin Elisabeth von Österreich (»Sisi«) war 1884 hier zu Besuch und demolierte dabei mit heftigem Ruck den Klingelzug. 1889–1922 war in dem Gebäude der Sitz des Zeitungsverlages Friedrich Schulze, der ab 1911 die *Heidelberger Neuesten Nachrichten* herausgab. Die siebenachsige Fensterfront wird von Kolossalpilastern mit üppigen Kapitellen begrenzt. Die geohrten, mehrfach profilierten Fensterrahmungen und das von Rokoko-Hermenpilastern flankierte, Paul Egell (1691–1752) zugeschriebene Portal, das leicht überdacht und mit dem Obergeschoss verbunden die Schaufront gliedert, sind in Heidelberg ohne Vorbild und Nachahmung. Heute befindet sich hier das **Museum für primitive Malerei – Outsider Art**, vormals Galerie & Buchhandlung Egon Hassbecker, der die Sammlung 1982 gründete. Die erhalten gebliebenen Innenräume sowie das Treppenhaus mit Geländer aus Messingguss und Stuckdecke stammen aus dem späten 18. und frühen 19. Jh. Das Haus Cajeth zählt so zu den seltenen authentischen Zeugnissen Heidelberger Wohnkultur aus dieser Zeit.

Die **Untere Straße** (I C2) führt parallel zur Hauptstraße zum Heumarkt. Seit Beginn (erste Erwähnung 1300) war sie von Gaststätten gesäumt. Hier hatte die erste jüdische Gemeinde Synagoge und Mikwe (Ecke Dreikönigsstraße). Nach der Vertreibung der Juden aus Heidelberg nutzte die Universität diese Räumlichkeit. Die meist traufseitigen, barocken Zeilenhäuser bilden ein geschlossenes Straßenbild. Das Eckhaus Untere Straße / Haspelgasse ist ein auffallend palaisartiger Bau von 1715 mit jeweils sechs paarweise geordneten Fensterachsen – ab 1863 Konditorei und Café Leonhard Ritzhaupt, seit 1904 **»Café Knösel«**, dessen historische Ausstattung bemerkenswert ist. Auch das Nachbarhaus **»Zum Reichsapfel«** ist ein repräsentativer Barockbau von 1714, der zwei Jahre später als Gasthaus belegt ist. Als Brauhaus wurde dieses im Verlauf des 19. Jh.s mehrfach umgebaut und erweitert. Der rustizierte Rundbogen der Toreinfahrt ist mit aufgesetztem Reichsapfel und der Jahreszahl 1786 versehen. Der Festsaal mit gusseiserner Mittelstütze und Ausmalungen ist ein typisches Beispiel Heidelberger Wirtshauskultur um 1900 und wurde von verschiedenen Studentenkooperationen als Stammlokal genutzt. Wände und Decke sind mit Pflanzenornamenten im Jugendstil ausgemalt und suggerieren eine Gartenlaube. Das Haus **Nr. 27** entstand 1709 zweigeschossig und wurde 1895 aufgestockt. Seit 1926 beherbergt es die **»Weinstube Café Burkardt«**, deren barockisierende Innenausstattung mit Ätzglastüren und Kachelofen erhalten sind. »Das Burkardt« war lange ein Literatentreffpunkt.

In der angrenzenden **Pfaffengasse** (I C2) im Haus **Nr. 18** ◆ befindet sich das Geburtshaus des ersten demokratisch gewählten deutschen Reichspräsidenten Friedrich Ebert. Seit

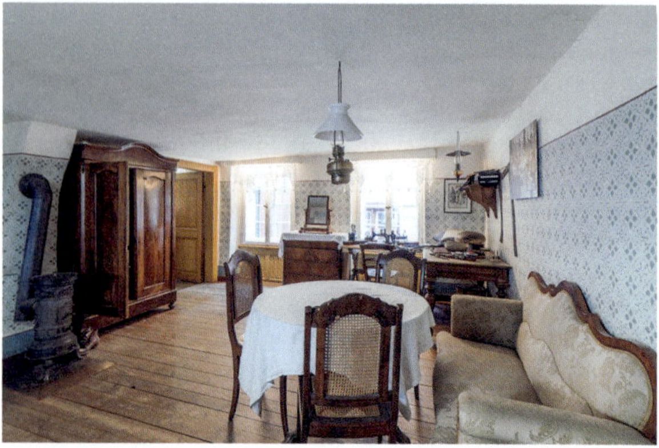

Wohnstube im Geburtshaus Friedrich Eberts in der Pfaffengasse

1989 gewährt es als Gedenkstätte und Museum einen authentischen Blick in das Heidelberger Bürgerleben des frühen 19. Jh.s. Das dreigeschossige Handwerkerhaus mit zentraler Toreinfahrt wurde 1718 erbaut und hat die Beletage im hohen 2. Obergeschoss. Eine langgezogene Schleppgaube diente zur Durchlüftung des Speichers. Die Schneiderfamilie Ebert bewohnte seit 1866 nur 46 m² im niedrigeren Zwischengeschoss mit kleiner Küche, Schlafzimmer und Wohnstube; Friedrich kam 1871 als siebtes von neun Kindern zur Welt; er besuchte die Volksschule und lernte das Handwerk des Sattlers, bevor er sich auf Wanderschaft begab und die Gewerkschaftsbewegung kennenlernte; 1889 trat er in die Sozialistische Arbeiterpartei Deutschlands ein; 1919 bis zu seinem Tod 1925 war er erster Reichspräsident der Weimarer Republik; er liegt auf dem Bergfriedhof begraben.

Ikonen der Heidelberger Kneipenszene, für die die **Untere Straße** (I C2) berühmt ist und zeitweise – wegen der hier in den 1960er und 1970er Jahren sehr aktiven Drogenszene – auch berüchtigt war, sind bis heute das Restaurant »Pop« und die Kneipen »Weinloch« und »Destille«. Der Kunststudent Peter Müller stattete 1965 Ersteres, das Restaurant **»Pop« (Nr. 17)**, im Stil der Pop-Art aus: mit roten Leder-Sitzbänken, aus Autofelgen montierten Barhockern, zu Quadern gepressten Autoteilen und einem kompletten Aston Martin, der (ohne Motor) kopfüber an der Decke hängt. Berühmtheiten wie Romy Schneider und Alain Delon, Neil Young, Frank Zappa oder Carlos Santana waren hier Gäste. Die gesamte Innenausstattung steht unter Denkmalschutz. Das **»Weinloch« (Nr. 19)** – ein Gasthaus ist hier seit 1911 verbürgt – ist sehr klein, traditionell gehalten und sicher eine der authentischsten Altstadt-Kneipen Heidelbergs. Das schöne Barockhaus **Nr. 16** beherbergt seit einem halben Jahrhundert mit der **»Destille«** eine berühmte Studentenkneipe; ihr Zentrum bildet der Stamm einer alten Akazie. Hier wohnte 1836 der Dichter Christian Friedrich Hebbel, und heute zeigen hier Künstler ihre Arbeiten.

Das **Palais Rischer (Nr. 11**, I C2) ist ein prachtvolles Barockgebäude nach italienischem Vorbild. Seine nur dreiachsige Schauseite zur Unteren Straße ragt mit langer Fensterfront in die Bussemergasse hinein. 1711–13 von Werkmeister Johann Jakob Rischer als eigenes Wohnhaus errichtet, umfasst der schmale Baukörper zwei Volletagen und ein Mezzaningeschoss mit flach geneigtem Walmdach. Kolossalpilaster, Sockel, Kompositkapitelle, die schweren Fensterrahmungen und die wuchtige Rundbogeneinfahrt im eingeschossig weiterlaufenden Einbau in der Bussemergasse vermitteln repräsentative Größe. In dieser eher gediegenen, mittelständischen Umgebung von kleinen Händlern und Kneipiers wirkt der Bau ungewöhnlich protzig. Er wurde später nur wenig verändert und diente als

Geschäftshaus und Seifensiederei. Seit 1959 ist er Wohnheim einer Studentenverbindung.

Eines der sehr seltenen giebelständigen **Fachwerkhäuser** in der Altstadt wurde 1707 auf dem Grundstück **Nr. 4** der Unteren Straße erbaut – gegen die geltenden Vorschriften, die ein Bauen mit Holz als Folge der Brandkatastrophen untersagten.

Der **Heumarkt** (I C2) war als leicht geneigtes Areal auf dreieckigem Grundriss kein leicht zu nutzender Rangierplatz für Fuhrwerke unterhalb des ehemaligen Mitteltors in der Hauptstraße. Ab 1546 ist er namentlich belegt. Optisch ergeben die überwiegend stattlichen Bauten des 18. und frühen 19. Jh.s ein geschlossenes Bild, den der Eck-Erker des Hauses Hauptstraße 137 akzentuiert. Im Zentrum steht der **Sume-Brunnen** (1991) des Mainzer Bildhauers Stefan Engel: Er ist den Kindern der Altstadt gewidmet, die man im hiesigen Dialekt früher »Neckarsume« (junge Fischlein) nannte.

Die hier abzweigende **Große Mantelgasse** (I C2) folgt der alten Stadtmauer. Als Gasse 1363 erstmals dokumentiert, wurde sie nach einem besonders hohen Abschnitt der Stadtbefestigung (»Mantel«) benannt, der heute noch Teil der **Heuscheuer** ist. Diese, 1706–07 am Neckar unter Verwendung großer Teile der mittelalterlichen Stadtmauer und des ehemaligen »Frauenturms« (Frauengefängnis) errichtet, ist als gedrungener Ersatzbau für eine frühere Scheune entstanden. Im 18. Jh. nutzte die kaiserliche Armee den Bau, 1963–65 wurde er zum Hörsaalgebäude der Universität umgestaltet. Die bis zu 2,50 m starken Außenwände wurden teils aus Quadern des Schlosses errichtet. Gegenüber der Heuscheuer stand 1714–1938 die große Heidelberger **Synagoge**. Sie fiel in der sogenannten »Reichskristallnacht« (9. November 1938) zusammen mit Lehrerwohnungen und Ritualbad den Nationalsozialisten zum Opfer. Seit 2001 befindet sich an ihrer Stelle ein Gedenkplatz, der die Umrisse der Synagoge sichtbar macht.

Dem Flusslauf folgend, sind das **Zeughaus** (I B2) und die Nachfolgebauten des **Marstalls** (I B2) die eindrucksvollsten Belege für den wehrhaften Festungsausbau der Stadt unter Kurfürst Ludwig V. (um 1510). Der wuchtige, von zwei runden Ecktürmen gesicherte, flussseitige Flügel entstand vermutlich nach Plänen des Schlossbaumeisters Lorenz Lechner und entspricht dem Typus des Innsbrucker Zeughauses (1502–06). Mächtige Buckelquader bezeugen seine Wehrfunktion. Aufgrund von Platzmangel wurde die Anlage vor den Stadttoren der Kernaltstadt errichtet. Die drei spitzbogigen Öffnungen zur Neckarseite wurden erst 1846 nach Aufschüttung des Ufers angebracht, um den direkten Warenverkehr zum Fluss zu erleichtern. 1919–22 wurde der Komplex zu Mensa und Turnhalle umgebaut, seit 2003 sind die hohen Räume zu einem Saal vereint. Zum Hof hin öffnet sich das Zeughaus mit hohen Bögen, die durch starke Strebepfeiler gestützt werden. Der Innenraum ist in zwölf Joche gegliedert, der Treppenhausrisalit entstand um 1590 mit dem eigentlichen Marstall auf der Stadtseite, den Johann Casimir in Form eines repräsentativen Palastbaus konzipiert hatte. Dieser brannte im Pfälzischen Erbfolgekrieg (1688–93) aus und wurde als überdachte Ruine im 18. Jh. als Universitätsreitschule genutzt. Nach komplettem Abriss beherbergt ein Neubau heute die Antikensammlung des Instituts für Klassische und Byzantinische Archäologie (Marstallhof 4). Die zum Universitätsplatz führende **Marstallstraße** (I B/C2) markiert die Grenze zwischen Kernaltstadt und ab 1392 angelegter westlicher Vorstadt.

Die westliche Altstadt

Von der Jesuitenkirche über die Peterskirche in Richtung Stadthalle

Jesuitenkirche (I C2): Das Jesuiten-Quartier, zu dem auch das Seminarium Carolinum (S. 75) zählt, war eines der größten im Kernaltstadtbereich. Die katholischen Kurfürsten der Linie Pfalz-Neuburg, Johann Wilhelm (reg. 1690–1716) und Karl Philipp (reg. 1716–42), riefen den Orden nach dem Religionsrezess von 1685 in die Stadt zurück und vermittelten ihm wieder Stellungen und Professuren in Stadt und Universität. Mit dem Bau des Kollegs wurde 1703 begonnen, 1712 wurde der Grundstein der Kirche gelegt. Stilvergleiche lassen auf Johann Adam Breunig als Planungsarchitekten schließen. Doch zunächst konnte nur der Chor der Kirche fertiggestellt und mit einer Mauer gegen Witterung gesichert werden, denn nach Johann Wilhelms Tod 1716 spitzte sich die politische Situation im theologischen Streit mit den Reformierten wieder zu: Die Folge war, dass Karl Philipp seine Residenz 1720 nach Mannheim verlegte und dort 1729 ebenfalls mit dem Bau eines jesuitischen Kollegs begann. Erst unter Karl Theodor (reg. 1742–59) wurden die Einwölbung des Langhauses sowie die Fassade vollendet. Der Turm blieb bis ins 19. Jh. stumpf. Er wurde erst 1868–72 nach Entwürfen von Friedrich Theodor Fischer und Friedrich Feederle von Adolf Williard vollendet und mit fünf Glocken der Gießerei Carl Rosenlächer aus Konstanz ausgestattet. Seither ist er 78 m hoch.

Es nimmt nicht wunder, dass sich die hochbarocke **Front**, die der Baumeister des Mannheimer Pendants, Franz Wilhelm Rabaliatti, 1749–59 dem Langhaus wie ein »Importstück aus Rom« vorsetzte, in der Enge der Altstadt leicht überproportioniert wirkt. Sie ist stilistisch nach Il Gesú in Rom, der Mutterkirche der Jesuiten, gestaltet: Zwei hohe Geschosse werden von vier Doppelpilastern mit ionischen Kapitellen gegliedert, das breite Erdgeschoss ermöglicht drei Eingänge. Drei zum Dreieck geordnete Nischen nehmen Skulpturen des *Salvator Mundi* (oben) sowie der Ordensheiligen *Ignazius* und *Franz Xaver* auf. Das Obergeschoss mit klassischem Dreiecksgiebel ist von der Allegorie des *Glaubens* bekrönt, die von *Hoffnung* (links) und *Liebe* (rechts) als Stützen über den Seitenportalen begleitet wird: Das ist bemerkenswert, da nach Paulus (1 Kor 13,13) die Liebe die höchste der drei christlichen Kardinaltugenden sei, nicht der Glaube. Die dominanten Voluten sind unvollendet. Die Formensprache ist durchgehend spätbarock und greift formal die übrige Bebauung um den **Vorplatz** auf: Der Nordflügel des Jesuitenkollegs (heute Pfarrhaus) mit imposantem zweigeschossigen Figurenportal von Paul Egell (1691–1752) begrenzt ihn mit schmaler Fassade links, die einen wuchtigen Akzent bildet. Ihr gegenüber wurde das heute dreigeschossige Haus Lörnick (Schulstraße 2) mit einer kämpferischen Hausmadonna von Peter van den Branden im Auftrag des Universitätsbuchhändlers Lörnick 1718 zweigeschossig errichtet und propagiert ebenfalls die Gegenreformation. Das verleiht dem gesamten Platz ein kraftvoll-katholisches Raumkonzept mit stark politischem Impetus.

Das **Kircheninnere** ist demgegenüber schlicht gehalten und überrascht als hell erleuchtete, dreischiffige Hallenkirche ohne Querhaus, deren Mittelschiff auf den Altarraum im ganzflächig halbrunden Chor zielt. Mächtige Freipfeiler mit vorgelegten Pilastern und in Gold, Grün und Weiß gehaltenen Kapitellen gliedern den Bau. Er verzichtet – untypisch für Kirchenbauten der Jesuiten – auf komplexe Bildprogramme. Hier wirkt der Raum selbst. Die großen, rundbogigen Maßfenster, die Bezug auf die Gotik nehmen, haben um 1870 die Idee beflügelt, den ganzen Innenraum zu »gotisieren«. Dass die Kirche heute wieder strahlt, ist mehreren Renovierungen und der Rückgewinnung des barocken Erscheinungsbilds nach den Eingriffen des späten 19. Jh.s zu verdanken – seine Wirkung war nach Vorbild der Romantisierung des Speyerer Doms (1846–53) grundlegend verändert worden: Erst 1953 erhielt das Kircheninnere wieder einen hellen Anstrich, 1970–73 wurden die gotisierenden Veränderungen gänzlich rückgängig gemacht.

Viele originale **Ausstattungsstücke**, von denen die meisten aus dem katholischen Chor der Heiliggeistkirche übernommen worden waren, wurden während der Fremdnutzung als Lazarett schon während der Koalitionskriege (1792–1815) versilbert und in alle Winde zerstreut. Ein kleinerer Marienaltar etwa ist heute auf dem Dilsberg zu finden. Der ursprüngliche Hochaltar, 1746–48 von Alessandro Galli da Bibiena mit Skulpturen von Paul Egell gefertigt, ist bis auf die **Tabernakeltür** komplett verschollen: Das vergoldete Relief Egells, das das *Pfingstwunder* zeigt, ist ein Höhepunkt barocker Schnitzkunst und mit anderen Kirchenschätzen im **Museum für sakrale Kunst und Liturgie** zu sehen. Bedeutende Teile wurden aus umliegenden Klöstern zu- bzw. rückgeführt. So fanden vier barocke Heiligenstatuen (*Hubertus*, *Ambrosius*, *Augustinus* und *Juliana*; teilweise mit veränderter Identität und hinzugefügten neuen Attributen) aus dem ehemaligen Karmeliterkloster ihren Weg über eine Kirche in St. Leon zurück nach Heidelberg. Hervorragende Beispiele der Gold- und Silberschmiedekunst sind die Strahlenkranzmadonna von Joseph Ignaz Saller (Augsburg 1736) sowie die Ewig-Licht-Ampel von 1763. Neben einem **Taufbecken** von Carl Johann Steinhäuser sind hauptsächlich **Fresken und Gemälde** aus der Zeit um 1870 Teil der Ausstattung geblieben oder wurden wieder freigelegt: Die *Krönung Mariens* über dem Hochaltar und das Altargemälde *Ausgießung des Heiligen Geistes und Pfingstpredigt des hl. Petrus* fertigte Andreas Müller 1871: Unter dem Volk, das des Pfingstwunders teilhaftig wird, finden sich auch Kaiser Napoleon III. und seine Gattin Eugenie. Das Marienfresko im linken Seitenschiff schuf in derselben Zeit Ferdinand Keller, der Maler des *Einzugs der Pallas Athene in Heidelberg* in der Alten Aula der Universität (S. 33). Der auf einer Marmorinsel stehende **Zelebrationsaltar** von 2001–04 stammt von Rolf Bodenseh. Die leicht geschwungene **Orgelempore**, die seit 2009 ein Instrument der Schweizer Firma Kuhn mit 57 Registern auf drei Manualen und Pedal trägt, ist ein Werk des Baumeisters Franz Wilhelm Rabaliatti (18. Jh.).

Entlang der Schulgasse ziehen sich die gewaltige Westflanke des Kirchenbaus sowie die des Gymnasiums (heute Universitätsgebäude), das ebenfalls Breunig schuf. An die Seminarstraße stößt das **Seminarium Carolinum** (1750–63, I C2), eine barocke Dreiflügelanlage Rabaliattis. Dieses erste Jesuitenseminar wurde nach Karl Philipp (Kurfürst 1716–42) benannt. Der typisch gestaltete, repräsentative Barockbau zeugt von der ehemals großen Bedeutung der Jesuiten in der Stadt. Allerdings war die Geschichte dieses Gebäudes wechselvoll: Ab 1825 beherbergte es eine psychiatrische Klinik, ab 1843 ein akademisches Krankenhaus, ab 1880 war es Grenadierkaserne. Seit 1945 schließlich ist es ein Verwaltungsgebäude der Universität – 1968 wurde es von Studenten besetzt und erst zehn Jahre später zwangsgeräumt.

Peterskirche (I C2–3): Das evangelische Gotteshaus ist die älteste erhaltene Kirche in der Altstadt, wenn auch außerhalb der Kernaltstadt gelegen. Bereits im Dokument der Ersterwähnung der Stadt von 1196 wird ein »Cunradus plebanus in Heidelberch« als »Leutpriester« genannt. Seine Pfarrkirche beim Klingental war ein romanisches Bauwerk, dessen Größe und Ausformung unbekannt sind, das aber bereits mit einem

Friedhof umgeben war. Mit der Stadterweiterung nach Westen 1392 wurde St. Peter Pfarrkirche der Neustadt und erhielt mit Grundsteinlegung am 16. März 1485 durch Kanzler Alexander Bellendörfer einen Neubau. Bellendörfers Epitaph in der nördlichen Seitenkapelle ist eines der ältesten, die sich erhalten haben.

Das hochgotische Gotteshaus gibt die Grundform der heute gegebenen **Architektur** vor. Erhalten sind aus dieser Phase aber nur der zweijochige, mit feinen Rippen überwölbte Chor sowie die Eingangshalle unter dem Turm, der damals etwa die Höhe bis zur heutigen Helmverkleidung erreichte. Das originale Langhaus hatte eine Flachdecke ohne Stützen. Nach Dreißigjährigem Krieg und Pfälzischem Erbfolgekrieg standen hiervon aber um 1700 fast nur noch die Außenmauern. Beim Wiederaufbau gestaltete Johann Jakob Rischer den Bau zur Quersaalkirche um, da der Chor-Altarraum im reformierten Gottesdienst keine Bedeutung mehr hatte. Das Kirchenschiff wurde wieder flach gedeckt. Das Gestühl wurde zur Kanzel hin ausgerichtet, die ihren Platz an der südlichen Langhauswand zwischen den Kapellen hatte. Eine Westempore mit Orgel wird 1718 erwähnt, 1769 kamen zwei »Quer-Emporbühnen« an der Ostseite des Langhauses hinzu. Ferner gab es verglaste Logen für privilegierte Familien. Der Chorraum stand als Begräbnisort für höherstehende Bürger und Universitätsmitglieder offen: Seit 1554 nutzte die Universität auch die größere der beiden südlichen Kapellen für Beisetzungen (wenngleich hier erst ab 1838 auch Seminargottesdienste abgehalten wurden und St. Peter erst 1896 offiziell Universitätskirche wurde). Im frühen 19. Jh. stand das umwucherte Bauwerk erneut kurz vor dem Abriss. Zwei Umstände retteten es: Der Bau eines Eisenbahntunnels durch den Gaisberg 1859–62, der den alten Bahnhof mit dem Neckartal verband und dessen Trasse den großen Peterskirchhof durchschnitt – dieser hatte zwar mit Eröffnung des Bergfriedhofs 1844 als Bestattungsplatz an Bedeutung verloren, doch es wurde dennoch eine Entschädigung gezahlt, und die 14 000 Gulden gestatteten nun eine Wiedererrichtung des maroden Gotteshauses. Zum Zweiten beflügelte das neu erwachte Interesse am Mittelalter seit dem zum Symbol des angestrebten Deutschen Nationalstaats erhobenen Wiederaufbau des Kölner Doms (ab 1842) auch die Heidelberger. Kirchenbauinspektor Ludwig Frank-Marperger ließ dem Turmstumpf 1868 einen durchbrochenen Spitzhelm nach Vorbild des Freiburger Münsters aufsetzen; die folgende Regotisierung des Kircheninneren (1867–70) sowie der Ausbau zur dreischiffigen, spätgotischen Hallenkirche wurden später allerdings als »Neubau«, gar als »Erfindung im Stil der Neugotik« bewertet. Sie geschahen in Absicht einer historisch orientierten Erhaltungsmaßnahme des Gesamtbaus. Der originale 5/8-**Chorraum** diente dabei als stilistischer Ausgangspunkt, auch wenn hier das Maßwerk der Fenster erneuert worden sein könnte und die Buntverglasung im Nazarenerstil von Heinrich Beiler (1869) stammt. Frank-Marpergers Planungen für den Kirchenraum wurden von dem jungen Mannheimer Hermann Behaghel übernommen, der in den darauffolgenden Jahrzehnten mit rund 30 Kirchenneubauten in Nordbaden, dem Bau der Heidelberger Synagoge sowie zahlreicher Villen und Gemeindehäuser zu den bemerkenswertesten Architekten der Region zählte und den Historismus hier stark verwurzelte. Die Peterskirche erhielt nun ihre ursprüngliche Grundform zurück, mit dem hochgotischen Chor als Altarraum. Durch Einzug schlanker Bündelpfeiler allerdings, die statt der Flachdecke nun ein Kreuzgewölbe tragen, wurde das Langhaus mit gleich hohen Seitenschiffen in einen pseudo-mittelalterlichen Sakralraum verwandelt. Das barocke Dach wurde durch ein Satteldach ersetzt, das Äußere mit reicher Dekoration überzogen, die aus Kostengründen aus fabrikfertigen Terrakotta-Teilen bestand.

Nach Gründung des Bachvereins 1885 und durch die Impulse des Universitätsmusikdirektors Philipp Wolfrum sowie des Theologen Heinrich Bassermann erhielt die Kirche zum Stadtjubiläum 1896 (in diesem Jahr wurde St. Peter Universitätskirche) eine Orgel der Firma Walcker und eine Vergrößerung der den gesamten Raum überspannenden Westempore, auf der auch bei Aufführung großer Oratorien Chor und Orchester Platz fanden. So empfängt den heutigen Besucher, wenn er durch den Westeingang unter dem Turm eintritt, ein Säulengarten, der in seinem Dämmerlicht an eine Krypta erinnert. Erst danach öffnet sich der lichte Hallenraum, dessen neugotische Architektur nicht sofort von tatsächlicher Hochgotik zu unterscheiden ist, besonders seit eine Renovierung 2005–06 die warme Tönung des Sandsteins wiederherstellte, der in den 1960er Jahren weiß übertüncht war. Damals erhielt auch der stark verwitterte neugotische Turmhelm seine Kupferkappe. Zur wirklichen Gotik fehlt der Peterskirche freilich die aufstrebende Höhe. Im Allgemeinen aber wird dieser rettende Umbau des 19. Jh.s als gelungenes Beispiel der historisierenden Bemühungen jener Zeit gewertet, wenngleich diese damals höchst umstritten waren: Die Frage einer konservierenden im Gegensatz zur schöpferischen Restaurierung mittelalterlicher Bauwerke entzündete sich zum Jahrhundertende hin an der Idee des Wiederaufbaus der Heidelberger Schlossruine und dem wissenschaftlichen Streit darüber (S. 118 ff.).

Ausstattung: 156 Epitaphe inner- und außerhalb der Kirche umfassen eine Zeitspanne von fast 400 Jahren. Kaum ein anderes Gotteshaus in Südwestdeutschland besitzt einen derartigen Schatz. Unter diesen befindet sich als einziges kurfürstliches Grabmal ein Stein für das Kind der Familie von Degenfeld († 1748) sowie die Epitaphe zweier Raugräfinnen, Halbschwestern von Liselotte von der Pfalz (im Chorraum). Außerdem finden sich die Grabdenkmäler der Dichterin Olympia Fulvia Morata († 1555), des kurfürstlichen Lautenisten Sebastian Ochsenkhun († 1574) und solche von universitären Würdenträgern. So auch der Grabstein des Theologen und Pfarrers Johann Friedrich Abegg († 1840), Vater von Otto und August Abegg, die zusammen mit Robert Schumann in Heidelberg studierten und denen dieser seine *Abegg-Variationen op. 1* widmete. Hervorzuheben sind die beiden spitzgieblig zulaufenden Leinwandgemälde am Kopf der Seitenschiffe, die Hans Thoma 1902 für diese Kirche schuf: *Petrus auf dem Meer* (Nordseite) und *Noli me tangere – Magdalena begegnet dem auferstandenen Christus* an der Südseite. Ihr Ankauf war dem Kunsthistoriker Henry Thode zu verdanken, dem Schwiegersohn Cosima Wagners: Dies gab dem Verdacht Vorschub, das Bildnis der Magdalena könnte dem Profil der Witwe Richard Wagners nachempfunden sein. Die Fenster im Chor zeigen mittig *Christus* mit *Petrus* und dem Evangelisten *Johannes* in kräftigen Farben, an den Seiten bedeutende Repräsentanten der protestantischen Kirchengeschichte. Neueren Datums sind neun Kirchenfenster von Johannes Schreiter, der sich in der südlichen Universitätskapelle 2006–12 thematisch mit Wissenschaft und Lehre, aber auch mit den Jahren 1933–45 auseinandersetzte (Schreiter ist Ehrendoktor der Heidelberger Universität; seine Fensterentwürfe für die Heiliggeistkirche wurden 1986 abgelehnt; s. S. 44). Jüngeren Datums ist auch die Orgel der Firma Klais (1984) im nördlichen Seitenschiff mit 34 Registern auf drei Manualen und Pedal. Eine Chororgel befindet sich auf der Empore.

Die **Universitätsbibliothek** (I C2) gegenüber ist ein Denkmal des universitären Aufbruchs zum Ende des 19. Jh.s, gebaut nach Plänen des Karlsruher Oberbaudirektors Joseph Durm auf dem Grundstück des ehemaligen Karmeliterklosters. 1905 eröffnet, verbindet sie stilistisch Neugotik und Neorenaissance mit Elementen des Jugendstils. In rotem Sandstein macht sie ◆

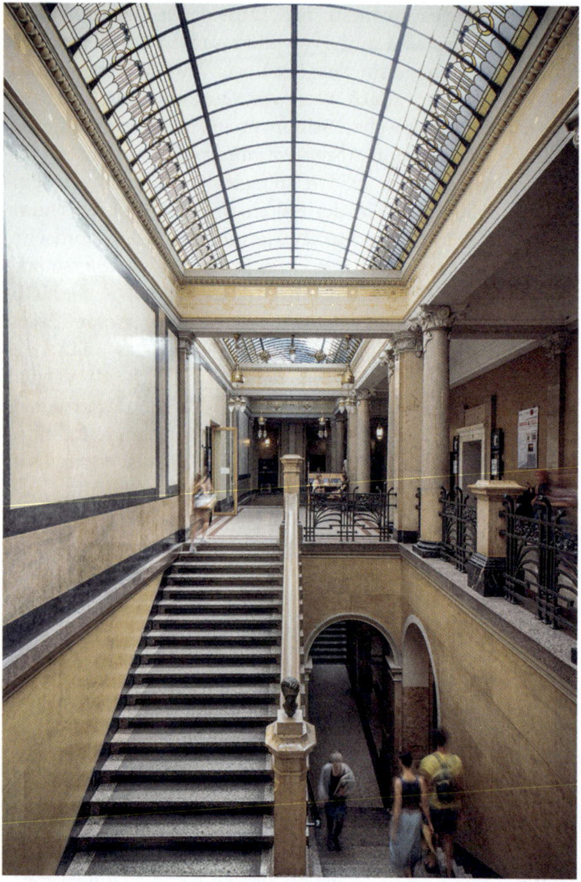

Treppenaufgang in der Universitätsbibliothek (um 1903)

mit gewaltigem, rundem Eckturm sowie mit dem monumentalen Mittelrisalit des Haupteingangs auf sich aufmerksam. Erker, Zwerchhäuser und reicher Figurenschmuck rekurrieren auf französische Schlossbauten des 16. Jh.s. Das prächtig ausgeschmückte Hauptportal, wo zahlreiche Details in Gold gefasst sind, nimmt mit drei großen Fenstern und majestätisch überhöhtem Giebel, den die griechische Göttin der Wissenschaften *Pallas Athene* schmückt, kurioserweise auf zeitgenössische Bahnhofsarchitektur (Dresden, Köln) Bezug. Das ikonographische Programm der Fassade stammt von Bibliotheksdirektor Karl Zangemeister und Architekt Durm und wurde von Karlsruher Bildhauern ausgeführt. Es thematisiert das Wirken von Wissenschaft und Kunst sowie ihre Grenzen, allegorisch verdichtet in der Figur des *Prometheus mit Adler*. Diese Skulptur und das Pendant der *Verschleierten Jungfrau* beiderseits des Eingangs sind Werke des Wieslocher Bildhauers Conrad Keller. Im Lesesaal setzt sich der allegorische Schmuck mit klassischem Bezug auf die Fakultäten Jura, Medizin, Philosophie und Theologie fort und stellt diesen berühmte Vertreter der Heidelberger Universität zur Seite. Das Treppenhaus wird durch ein gläsernes Gewölbe von Tageslicht erhellt. Die Magazinflügel wurden als Stahlkonstruktionen in Skelettbauweise konzipiert, damals eine Neuerung – sie gibt den Innenhof-Fassaden einen Anstrich von Fabrik- oder Kaufhausarchitektur.

Der ohne Frage bedeutendste Schatz der Universitätsbibliothek ist die sogenannte **Große Heidelberger** bzw. **Manessische Liederhandschrift** (*Codex Manesse*; entstanden um 1300 in Zürich), die umfangreichste deutsche Liederhandschrift des Mittelalters. Sie enthält Texte der berühmtesten Minnesänger sowie 138 gemalte Miniaturen, die etwa Walther von der Vogelweide, auf einem Stein sitzend, und den Stauferkaiser Heinrich IV. zeigen. An Umfang und Detailreichtum

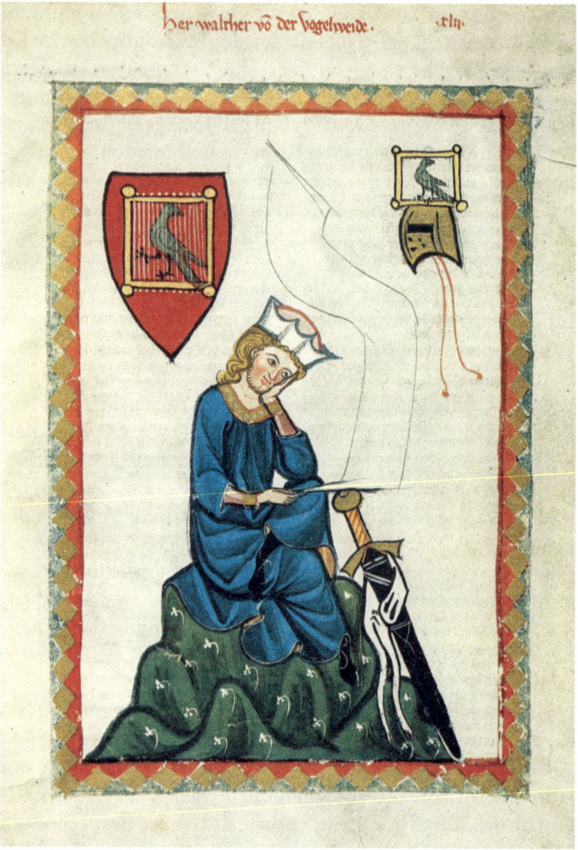

Der Minnesänger Walther von der Vogelweide im *Codex Manesse* (um 1300)

gibt es kaum Vergleichbares. Viele Dichter jener Zeit sind überhaupt nur in dieser Quelle dokumentiert. Die Geschichte der Besitzverhältnisse gestaltet sich bei dieser Prachthandschrift recht wechselvoll. Sicher ist, dass sie 1607 Teil der Bibliotheca Palatina auf den Emporen der Heiliggeistkirche war, allerdings wurde sie 1622 von Tillys Truppen nicht mit dieser nach Rom verbracht. 1657 befand sie sich im Besitz des französischen Königs. 1815 entdeckte sie Jacob Grimm in der Bibliothèque nationale de France, Paris. Durch Tausch gegen wertvolle französische Handschriften kehrte sie 1888 nach Heidelberg zurück, wobei ein kaiserlicher Fonds dem in Heidelberg geborenen Straßburger Vermittler und Buchhändler Karl Ignaz Trübner 400 000 Goldmark zur Verfügung stellte. Es ist davon auszugehen, dass die Rückkehr dieser Handschrift die entscheidenden Impulse für den Bibliotheksneubau gab. Das Faksimile des *Codex Manesse* ist neben frühen Originalhandschriften in einer Dauerausstellung im Manesse-Raum (1. Obergeschoss) zu besichtigen. Das Original wird nur höchst selten öffentlich gezeigt.

Plöck (I B2): Der Name dieser Gasse kommt wohl von den Pflöcken, an denen die hier früher angesiedelten Bergheimer Bauern ihr Vieh festbanden. Von der Universitätsbibliothek aus nach Westen fällt das Eckhaus zur Peterskirche (**Nr. 68**) auf: Der Zürcher Architekt Alfred Friedrich Bluntschli baute es 1868–69 für seinen Vater, den Rechtswissenschaftler und Logenmeister Johann Caspar Bluntschli, der es dann bis zu seinem Tod 1881 bewohnte. In den 1920er Jahren wohnte hier auch der Mediziner Viktor von Weizsäcker. Über dem Eingang zur Plöck hin befindet sich ein großes Wappen des Vereins Deutscher Studenten, dem das Anwesen seit 1931 als Verbindungshaus dient. Das Nachbarhaus (**Nr. 66**) wurde ebenfalls siebenachsig um 1854 erbaut und war bis 1901 das repräsentative Wohnhaus des Rechtswissenschaftlers Ernst Papenstecher.

1923–48 bewohnten es der Philosoph Karl Jaspers und seine Frau Gertrud. Martin Heidegger besuchte sie, Hannah Arendt ging hier zeitweise ein und aus. 1937 wurde Jaspers die Professur entzogen: Er und seine Frau überlebten die NS-Zeit an diesem Ort in innerer Emigration. Die spätklassizistische Fassade mit dreiachsigem, leicht vorgezogenem Mittelrisalit weist über dem Eingang ein gestaffeltes Dreierfenster unter Spitzgiebel auf, eine architektonische Lösung, die man in Heidelberg öfter antrifft (so etwa auch beim Bunsen-Wohnhaus, S. 93).

Von der Plöck (zu ihrem weiteren Verlauf s. S. 93 ff.) biegt die Theaterstraße zur Hauptstraße ab. Hier wurde auf dem Grund des 1629 gegründeten, 1805 verlassenen und wenig später abgerissenen Kapuzinerklosters 1853 das erste **Städtische Theater** (I B2) errichtet, nach den Plänen von Ludwig Lendorff und unter Mitwirkung von Carl Abel und Philipp Reichard. An den Ursprungsbau erinnert heute fast nur noch die klassizistische, fünfachsige Fassade, die durch sechs Kolossalpilaster und drei Segmentbogenportale mit breiter Treppenfront gegliedert ist. Veränderungen wurden schon 1885 vorgenommen. Das ursprüngliche Foyer und der mit zwei halbrunden Rängen ausgestattete Zuschauerraum (heute Alter Saal) erhielten ihr Aussehen in Art des Klassizismus mit Elementen des Biedermeiers und des Jugendstils beim Umbau 1924 (1978–79 restauriert). Nach der überraschenden Schließung der städtischen Bühne aufgrund technischer und baulicher Mängel 2006 kam es zu einer Bürgerinitiative zu ihrer Rettung. Mit großem Spendenaufkommen aus der Bevölkerung und der großzügigen Unterstützung eines Heidelberger Unternehmers konnte das Haus 2009–12 durch das Darmstädter Architekturbüro Waechter + Waechter nicht nur saniert, sondern um einen modernen Theatersaal, ein neues Foyer, einen Orchesterprobenraum und zusätzliche Räume für Werkstätten erweitert werden. Dabei wurden der historische Saal und das neue Theater im rechten

Winkel so miteinander verbunden, dass ein gleichzeitiges Spiel auf der gesamten Bühne unter Einbeziehung beider Zuschauerräume möglich ist. Der Gesamtkostenumfang betrug ca. 60 Millionen Euro. 2020 konnte vor dem Theater auch ein neu gestalteter Park der Öffentlichkeit übergeben werden.

Der **Wormser Bischofshof** (I B2) am Theaterplatz ist eines der ganz wenigen Häuser der westlichen Vorstadt aus der Zeit vor der Stadtzerstörung 1693. Es fällt durch einen quadratischen, zweigeschossigen Eck-Erker aus dem 16. Jh. auf, den eine geschweifte Haube krönt. Das Anwesen ist schon zum Ende des 14. Jh.s nachgewiesen. 1442 ging es an den Bischof von Worms, dessen Bistum Heidelberg miteinschloss. 1610 erwarb es Kurfürst Friedrich IV., der es umgestaltete. Nach dem Dreißigjährigen Krieg war es im Besitz von Lord Craven, weshalb es auch das »Englische Haus« genannt wurde. Nach 1693 wurde es teilweise barock erneuert. Neben dem Erker sind ein reich geziertes Renaissanceportal an der Hauptstraße und ein barockes Treppenhaus erhalten. 1959 wurde das Gebäude zum Kino umgebaut, seit 2019 enthält es im Erdgeschoss einen Supermarkt.

Das **Palais Morass** (I B2) wurde 1712 errichtet und beherbergt heute die Städtische Kunstsammlung, das **Kurpfälzische Museum**. ◆ Regierungs- und Revisionsrat Philipp Morass, Professor der Rechte und erster Rektor der Universität nach ihrer Wiedereröffnung 1699, ließ es auf dem Gelände der vormaligen »Elenden Herberge«, eines Armenspitals der Stadt, das im Pfälzischen Erbfolgekrieg (1688–93) zerstört worden war, errichten. Die Annahme, dass Johann Adam Breunig der Architekt war, beruht allein auf stilistischen Vergleichen. Dem langgestreckten dreigeschossigen Haupthaus mit elf Fensterachsen fügen sich nach hinten zwei Flügel an, die durch eine kutschenbreite, mittige Durchfahrt zu erreichen sind. Die Fenster sind mit Ohrengewänden verziert und mit vertikalen, roten Sandsteinbahnen verbunden. Das Erdgeschoss ist mit

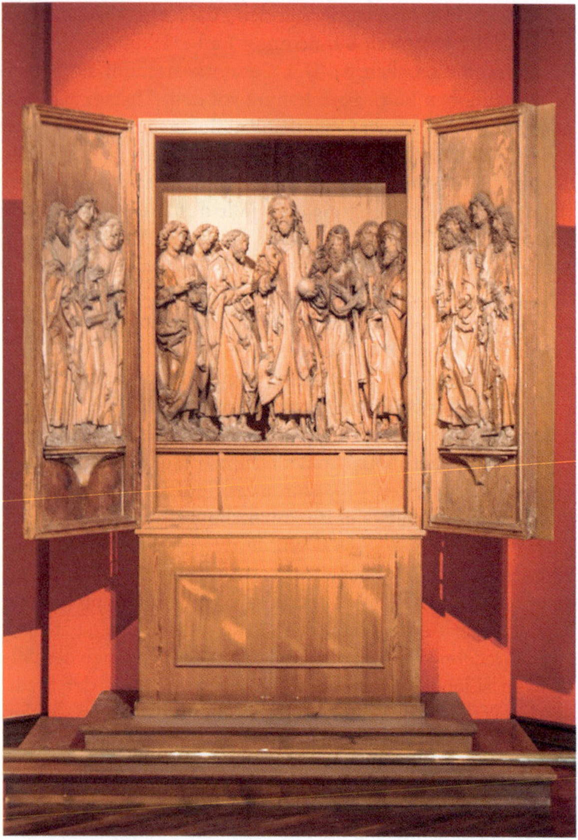

Der Zwölfbotenaltar (1509) von Tilman Riemenschneider ist eines der Hauptwerke der Museumssammlung.

aufwendig geschmiedeten Fenstergittern geschützt. Die Beletage wird über dem säulenflankierten Tor, das einem Triumphbogen nachempfunden ist, mit einem repräsentativen Balkon vor dem »Großen Salon« aufgewertet, über dem das Wappen der Familie Bettendorf, eines Nachbesitzers, prangt. Kaum erkennbar ist der fünfachsige, flache Mittelrisalit. Die Fassade wirkt vergleichsweise streng, da sie auf sonstigen Schmuck verzichtet. Durch das Portal kommt man in den Innenhof, vorbei am früheren Treppenhaus: Diese barocke Stiege ist mit ihrer massiven Balustrade und dem von ionischen Pfeilerkapitellen getragenen Gewölbe eine der prächtigsten der Stadt. Vom oberen Stockwerk aus lohnt ein Blick in diesen prachtvollen Aufstieg, den berühmte Gäste wie Goethe oder Chopin nutzten, um in den Großen Salon zu gelangen. Der heutige Museumsbesucher allerdings gelangt über einen Eingang im Hof ins Gebäude.

Innenräume und Ausstellung: Die alten Wohnräume sind in ihrer Struktur erhalten, wurden aber teilweise im Louis-seize-Stil ausgestattet. Der 1778 eingefügte Große Salon sticht mit feinen Stuckarbeiten in seiner frühklassizistischen Noblesse hervor. Embleme der Musik, des Theaters, der Liebe und des Landlebens geben ihm eine gewisse Festlichkeit. Die Reliefs erinnern an die Basisreliefs der Statuen auf der Alten Brücke, so dass vermutet wurde, ihr Schöpfer könnte ebenfalls Konrad Linck sein. Des Weiteren sind im Haus barocke Deckenstuckaturen, Seidentapeten von 1780 und Wandmalereien im pompejanischen Stil von Peter Ferdinand Deurer (1804) erhalten. Das Palais wechselte nicht oft den Besitzer, bevor es 1828 von dem berühmten Chirurgen Maximilian von Chelius erworben wurde (er hatte Chopin am Finger operiert). 1905 kaufte es die Stadt, um darin den **Nachlass von Graf Charles de Graimberg** (S. 51) unterzubringen, den Grundstock der heutigen Museumssammlung. Diese umfasst vor allem Heidelberger Altertümer mit Bezug auf die kurpfälzischen Herrscher, aber auch zahlreiche Gemälde und Zeichnungen aus der Zeit der Heidelberger Romantik, etwa von Carl und Friedrich Rottmann, Carl Philipp Fohr und Ernst Fries. Auch die »Sammlung Posselt« mit niederländischer Malerei des späten 18. Jh.s ist bedeutend. Prunkstück der Sammlung ist aber ein nur vermeintliches Heidelberger Objekt, der dreiflügelige **Zwölfbotenaltar** Tilman Riemenschneiders (1509), den von Graimberg 1861 ersteigerte, weil er glaubte, er sei einst Ausstattungsstück der Heiliggeistkirche gewesen. Tatsächlich aber stammt er aus Bad Windsheim (in Mittelfranken). Das Lindenholz-Rentabel zeigt das *Pfingstwunder* mit Christus als Salvator Mundi im Zentrum und zwölf Jüngern in teils vollplastischer, teils reliefartiger Darstellung. Die Gesichter sind porträthaft, die Gewänder höchst individuell geformt. Identitäten lassen sich durch die Attribute leicht zuweisen. Die Brandspuren stammen von 1730, als mutige Bürger den Altar vor dem Stadtbrand in Windsheim retteten. Weitere Highlights der Sammlung: das **Tafelsilber** der Kurfürstin Elisabeth Augusta (1721–1794), das in Straßburg von namhaften Goldschmieden für das Schloss in Oggersheim (westlich von Mannheim) hergestellt wurde und aus 78 Teilen besteht; ein **Hammerflügel** der Brüder Erard (Paris, um 1830), den der Chirurg und Klavierenthusiast von Chelius angeschafft hatte und der erst spät wiederentdeckt wurde (wahrscheinlich, aber nicht bewiesen ist, dass Chopin bei seinem Besuch im Winter 1835 auf diesem Instrument ein Privatkonzert gab). Rückwärtig öffnet sich der Innenhof des Museums in einen lauschigen Garten, in dem mit gebührendem Abstand der Glasbau des Architekten Dieter Quast von 1990 angesiedelt ist, Sitz des **Heidelberger Kunstvereins**.

Die **Providenzkirche** (I B2) wurde 1659–61 als erster protestantischer Kirchenbau in Heidelberg nach dem Westfälischen Frieden errichtet. Theodor Reber entwarf die Pläne, inspiriert von Joseph Furttenbachs *Kirchengebäw* (1649), dem frühesten Traktat zum protestantischen Kirchenbau im deutschsprachigen Raum. Der Name der Kirche wurde vom Wahlspruch des damaligen Kurfürsten Karl Ludwig abgeleitet: »Dominus providebit« (›Der Herr wird [für etwas] sorgen‹). Im Pfälzischen Erbfolgekrieg (1688–93) stark beschädigt und geplündert, wurde die Kirche 1715–21 unter Mansarddach wiederaufgebaut und von Johann Jakob Rischer mit einem stattlichen, vorgestellten Turm mit Balustradenbrüstung, Uhr und bekrönender Zwiebelhaube versehen (Höhe 51 m). In die im Innern bescheiden auftretende Saalkirche mit Dreiseitschluss und barocker Stichkappendecke wurde 1885 eine neue Empore eingezogen, auf der eine Orgel von Matthias Burkhard ihren Platz fand. Einen Farbakzent setzen die im Nazarenerstil gefertigten Chorfenster aus der Heidelberger Werkstatt Heinrich Beilers (Mitte 19. Jh.), wobei das zentrale Christusbild um 1976 stark übermalt wurde und so der zarte Farbauftrag verloren ging. Künstlerisch bedeutend ist das Epitaph der Eleonora Charlotta von Bettendorf († 1746) in der Turmvorhalle, das im Umfeld von Paul Egell entstand.

Die von der Hauptstraße abzweigende Bienenstraße, die im 19. Jh. von einer Wachsfabrik mit Bienenzucht dominiert wurde, führt zum **Kongresszentrum Stadthalle** (I B2) am Neckarufer, die mit zwei Vorplätzen, Gartenanlage, Pavillon und einer Schiffsanlegestelle in den Jahren 1901–03 von dem Architektenteam Henkenhaf & Ebert geplant wurde (eine moderne Erweiterung der Stadthalle nach Osten wurde 2010 durch Bürgerentscheid abgelehnt). Das Gebäude, dessen langgezogene, zweigeschossige Prachtfassade zum Fluss hin angelegt ist, orientiert sich stilistisch an französischen Renaissanceschlössern, wie an den Eckpavillons mit steilen Walmdächern und Firstgitter unschwer zu erkennen ist. Auffallend sind Ähnlichkeiten mit dem Bankhaus des gleichen Architektenbüros am Universitätsplatz (S. 32) oder der Universitätsbibliothek (S. 79), die von der Rekonstruktion des Friedrichsbaus im Schloss (S. 119) beeinflusst sind. Ein dreiachsiger Mittelrisalit mit Altan sowie die – inzwischen demontierte – Schiffsanlegestelle mit Belvedere-Terrasse unterstrichen einst die repräsentative Funktion dieses Gebäudes, das heute für Konzerte, Kongresse und festliche Veranstaltungen genutzt wird. Der Haupteingang an der Westseite greift Elemente des frühen Jugendstils auf, der sich im Vestibül fortsetzt. Die vier reich gegliederten Außenfassaden, ganz in Buntsandstein gehalten, wurden im Figurenschmuck jeweils einem Motto unterstellt: Die Südfassade zeigt bedeutende Rechtsprofessoren der Universität. Das hervortretende Bühnenhaus schmücken berühmte Musiker. Persönlichkeiten des Stadtrats, aber auch

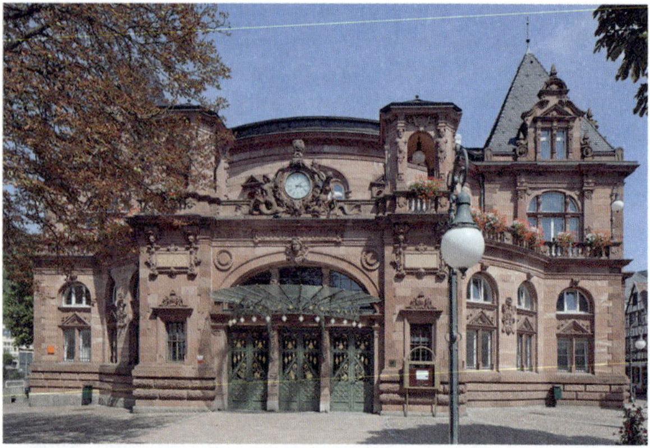

Der Haupteingang zur Stadthalle (heute Kongresszentrum) mit Jugendstil-Elementen (1903)

Bismarck und Moltke zieren die Ostfassade. Die Flussseite wird von symbolischer Dekoration beherrscht. Um den Westeingang gruppieren sich Naturwissenschaftler. Das Zentrum des Baus bildet der Große Saal, den man über eine geschwungene Treppe erreicht. Wesentlichen Einfluss auf die Planung dieses Konzertsaals nahm der damalige Musikdirektor Philipp Wolfrum, der einen versenkbaren Orchestergraben favorisierte. Im Rahmen der Einweihungsfeierlichkeiten 1903 dirigierten Richard Strauss und Gustav Mahler hier eigene Werke. Auf Wolfrum geht auch die Orgel der Firma Voit & Söhne zurück, die mit mobilem dreimanualigen, pneumatischem Spieltisch und 56 Registern als erste größere Orgel mit elektrischer Traktur eine von sehr wenigen erhalten gebliebenen Konzertsaalorgeln überhaupt ist. 1993 wurde sie umfassend restauriert. Der denkmalgeschützte Saal wurde anlässlich einer technischen Komplettsanierung ab 2020 neu konzipiert (Architekturbüro Waechter + Waechter). Im Haus gibt es mehrere kleine Räume, darunter der Kammermusiksaal über dem Foyer, der aufgrund seiner **Historien-Wandgemälde** von Wilhelm Trübner (1851–1917) von Bedeutung ist. Der Ballsaal am anderen Ende des Gebäudes ist als festlicher Raum in Weiß und Gold gehalten und reich mit Stuck ausgestattet. Ein Lünettengemälde von Heinrich Kley schildert das Brauchtumsgeschehen beim Heidelberger Sommertagszug (1902). In den Reliefs der Supraporten an den Längsseiten des Saals bilden Putten einen Hochzeitszug, der von Pauken und Trompeten angeführt wird.

Über die Karpfengasse und St. Anna zum Stadtgarten

Die Karpfengasse (I B2) führt zum ehemaligen Gasthaus **»Zum Karpfen«** in der Hauptstraße (Nr. 75), dem heutigen **»Perkeo«**. Das zehnachsige Barockhaus entstand 1701 anstelle eines früheren Gasthauses auf älteren Kellern. 1888–89 wurde es von Henkenhaf & Ebert durchgreifend umgebaut und aufgestockt sowie mit einem Saalbau in den Hof erweitert. Das originale Portal mit Jahreszahl und Hausmarke des Bauherrn, einer Brezel, befindet sich in der Karpfengasse. Die Fassade zur Hauptstraße ist mit Ohrenfenstern, profiliertem Traufgesims und genuteten Ecklisenen akzentuiert. Die großen Stichbogenfenster mit Diamantquadern und Ritterköpfen als Schlusssteinen wurden später eingebrochen und sind typisch für die Gründerzeit. Ebenso die Gasträume mit geschnitzten Wandtäfelungen und stuckierten Decken, die eine altdeutsche Stimmung vermitteln sollten, wozu auch die gemalten Friese mit zechenden Zwergen und Trinksprüchen beitragen. In die Rundbogenfelder sind glasierte Schmuckkacheln eingelassen, die nach frühbarocken Vorlagen u. a. Prinz Eugen und die Kurfürsten darstellen. Leinwandgemälde im Nordwestzimmer zeigen das Schloss und die kurfürstliche Gesellschaft. Mehrere Fenster mit Verglasungen stammen aus der Werkstatt Heinrich Beiler (Mitte 19. Jh.). Die Fassadenmalerei sowie die geschnitzte **Perkeo-Figur**, die die Statue des kleinwüchsigen Hofnarren aus dem Fasskeller des Schlosses imitiert (S. 127), stammen aus dem 20. Jh.

Das **Eckhaus Hauptstraße/Ziegelgasse** (I B2) ist eines der seltenen Beispiele der frühen Moderne in Heidelberg. Es wurde 1930–31 für die amerikanische Warenhauskette Woolworth durch Johann Erhard Fehrer gebaut. Umlaufende Fensterbänder, eine gerundete Gebäudekante und eine bewusst dynamische Wirkung sind die auffallendsten Merkmale, und sie erinnern an die Architektur von Erich Mendelssohn und Emil Fahrenkamp. Die Planung sah gebogene Glaselemente und Fenster mit Schiebefunktion vor. Eingangsbereich und Inneres wurden mehrfach verändert.

Gegenüber führt die **Märzgasse** (I B2) zur Plöck, vorbei an dem Wohnhaus von Kirchenrat Ullmann (**Nr. 16**), das dieser 1838 errichten ließ. 1848 wurde es aufgestockt. Es war bald im Besitz der Familie des späteren Astronomen Max Wolf, der hier 1863 geboren wurde und für den 1882 im Hinterhof ein zylindrischer Turm als Observatorium mit drehbarer Kuppel gebaut wurde. Schon als Jugendlicher beobachtete er von hier den nächtlichen Sternenhimmel.

Der **Friedrich-Ebert-Platz** (I B3), zu dem sich die Plöck im Westen öffnet, ist umgeben von repräsentativen Großbauten aus der zweiten Hälfte des 19. Jh.s. Nach dem Bau eines unterirdischen Parkhauses wurde der Platz 2009 umgestaltet. Seine Stirnseite wird durch das **Chemische Laboratorium** (I B2–3) bestimmt. Es entstand 1853–55 unter Direktor Robert Bunsen nach Plänen von Heinrich Lang und war zugleich Wohnhaus. Im kleinen Park dahinter finden sich weitere Gebäude aus der Bauphase bis 1901. Das Areal erstreckt sich entlang der Akademiestraße bis zur Hauptstraße und war 40 Jahre lang die Wirkungsstätte Robert Bunsens. Auch dessen Nachfolger Viktor Meyer und Theodor Curtius sowie Gustav Robert Kirchhoff arbeiteten hier. 1959 wurde der Komplex umgebaut. Die Neuphilologische Fakultät zog ein, während das Chemische Institut 1962 ins Neuenheimer Feld übersiedelte. Das zweigeschossige Gebäude mit Flügel entlang der Akademiestraße verbindet in seiner klaren Formgebung Elemente der florentinischen Frührenaissance mit dem Spätklassizismus. Die stilvolle Fassade mit Werksteingliederung, schmuckvoll verzierten Friesen und Kranzgesims aus Terrakotta gibt dem Platz ein besonderes Flair. Der vorgezogene, übergiebelte Mittelrisalit ist mit Eingangsloggia elegant gestaltet, die Beletage mit abgestuftem Dreierfenster besonders hervorgehoben.

Ein dreiteiliges *Bunsen-Denkmal* des Karlsruher Bildhauers Hermann Volz von 1907–08 befindet sich gegenüber vom **Haus zum Riesen** (I B2) in der Hauptstraße. Dieser stattliche, dreigeschossige Massivbau mit Mansarddach ist das größte Stadtpalais des Heidelberger Barock. Johann Adam Breunig baute es 1707–08 für den Freiherrn Eberhard Friedrich von Venningen unter Verwendung von Steinmaterial des zerstörten Dicken Turms des Schlosses (S. 105). Nach 1710 wechselte mehrfach der Besitzer, bis zur Übernahme durch den Bierbrauer Franz Betz, der das Anwesen 1797 als »Gasthaus Zum Riesen« nutzte. 1825 wurde es zum Fruchtspeicher umgebaut, 1865 wurden zwei Ladenlokale in die Fassade eingefügt und das Treppenhaus in den Hof verlegt. Die 15-achsige Fassade mit nach oben abnehmender Fensterhöhe wird in rotem Sandstein vom auffallend reich geschmückten Mittelrisalit dominiert. Ihr Figurenschmuck stammt von Heinrich Charrasky aus der Erbauungszeit; Charrasky stellte ein vollplastisches, überlebensgroßes Standbild Venningens in Rüstung ins Zentrum: Von ihr leitete sich der Name des Gasthauses ab. Umgeben ist der Oberzeugmeister, Oberjägermeister und Generalleutnant eines Jägerregiments auf den Pilastern von plastisch dargestellten wissenschaftlichen Geräten und musischen Instrumenten sowie Kriegsgerät und Trophäen, die die vielen Interessen des Erbauers spiegeln. Ebenso Zeichen der Selbstdarstellung ist die Tatsache, dass der mit Segmentbogen überwölbte, über die Dachschräge hinausreichende Risalit den des gerade fertiggestellten Rathauses (S. 48) an Höhe übertrifft. Ein ovales »Ochsenauge« dient wie beim Haus zum Ritter (S. 39) als Abschluss. Über der Rundbogendurchfahrt ragt ein Balkon mit Steinbalustrade hervor. Bis 1865 war hier das Physikalische Institut untergebracht, das dann gegenüber in einen Neubau zog. Eine

Gedenktafel (rechts) hält fest, dass Kirchhoff hier »1859 seine mit Bunsen begründete Spektralanalyse auf Sonne und Gestirne gewandt und damit die Chemie des Weltalls erschlossen« hat. Mit Hilfe dieses Verfahrens lassen sich chemische Prozesse aufgrund ausgesandter Lichtwellen nachweisen, was Aussagen über die Beschaffenheit der Sterne ermöglicht. Nach den Physikern bezog das Geologisch-Paläontologische Institut das Haus zum Riesen und bewahrte hier den berühmten Unterkiefer des Homo heidelbergensis auf, der 1907 bei Mauer gefunden worden war und mit einem Alter von ca. 600 000 Jahren von einem Vorfahren der Neandertaler stammt. Er befindet sich heute im Museum des Geowissenschaftlichen Instituts (Im Neuenheimer Feld 234–236). Eine weitere Gedenktafel erinnert an den Geologen Wilhelm Salomon-Calvi, der 1913–18 die Heidelberger Radium-Solquelle in 1022 m Tiefe erschloss (die sich nachher aber als nicht sehr ergiebig erwies). 1934 wurde er aus seiner Wissenschaftslaufbahn gedrängt, weil er Jude war. Im Exil schuf er die Grundlagen der Wasserversorgung für die türkische Hauptstadt Ankara.

An der Stelle des **Fridericianum** (I B2) gegenüber befand sich einst das **Dominikanerkloster**, dessen Gründung in Heidelberg auf das Jahr 1476 zurückgeht. Es wurde 1825 aufgehoben. Bereits zuvor, ab 1806, war hier das Anatomische Institut der Medizinischen Fakultät beheimatet, weshalb der Komplex bis heute auch **Alte Anatomie** genannt wird. Dabei wurde der Chorraum der Dominikanerkirche als Hörsaal genutzt, in Nebengebäude zogen später das Chemische und das Botanische Institut sowie die Sternwarte ein. Doch der Platz war für die Naturwissenschaften bald zu beengt. Für Neubauten brach man daher die alten Strukturen 1855–63 komplett ab. Die heutige Anlage mit dreigeschossigem Haupthaus, die in zwei Seitenflügeln mit Kopfbauten in Art von Pavillons zur Hauptstraße hin ausläuft, wurde 1862–64 nach Plänen von Wilhelm

Waag errichtet und nach dem damals regierenden badischen Großherzog Friedrich I. benannt. Der Komplex ist von der Brunnengasse her besser zu erfassen, deren Eingang die Brunnenskulptur *Flower* von Klaus Horstmann-Czech (1978) anzeigt. Im Garten hinter dem von der Hauptstraße aus sichtbaren Dreiflügelbau entstand bereits 1847–49 eines der ersten Anatomiegebäude in Deutschland, nach Plänen des Weinbrenner-Schülers Heinrich Hübsch, mit dem der sogenannte »Rundbogenstil« des frühen Historismus verbunden wird. Dieser Bau wurde 1874–76 und noch einmal 1896 erweitert. Das zweigeschossige Haupthaus mit übergiebeltem Mittelrisalit und Pilastern schmückt Ziegelornamentik: Typisch für den Architekten Hübsch sind ebenso die Flachbogenarkaden des Eingangsbereichs. Das Vestibül sowie das zweiarmige Treppenhaus mit Säulen sind original erhalten. Wer um das Gebäude herumgeht, stößt auf den einer Apsis nachgebildeten neuen Hörsaal (»Theatrum Anatomicum«), der sich architektonisch auf die alte Klosterkirche bezieht. 1974 wurde die Anatomie ins Neuenheimer Feld verlegt und vier Jahre später das Psychologische Institut hier angesiedelt.

Die **Hauptstraße** ist an ihrem westlichen Ende (I A/B2) gesäumt von bemerkenswerten Geschäftshäusern aus der Zeit um 1900, die im Erdgeschoss meist heutiger Ladenästhetik angepasst wurden (zu ihrem Verlauf vom Universitätsplatz nach Osten s. S. 36 ff.). So etwa das Eckhaus **Nr. 46**, ein dreigeschossiger Putzbau im großzügigen Stil eines italienischen Frührenaissance-Palazzos mit Rundbogenfenstern über drei bzw. neun Achsen mit abschließendem Rundbogenfries unter dem Traufgesims: Er entstand 1866 und wurde 1925 von Franz Sales Kuhn für die Handels- und Gewerbebank umgebaut. Das ehemalige Odeon-Filmtheater mit Café (**Nr. 37**) war der erste Kinobau Heidelbergs und entstand 1910–11 nach Plänen von Kumpf & Wolf in gelblichem Sandstein: Die wuchtige Fassade mit sechs ionischen Säulen, die über zwei Geschosse gehen, greift antike Tempelmotive auf. Nach 1945 wurde der Kinosaal als Kabarett- und Konzertsaal benutzt. Ab 1971 wurde das Erdgeschoss für die Aufnahme eines Ladens ausgebaut. Das Zeilenhaus **Nr. 35** mit Hofdurchfahrt und aufwendig gestalteter Fassade wurde 1716 errichtet. Es wurde 1850 aufgestockt und klassizistisch überarbeitet. Im einst für das 19. Jh. typischen Hinterhof mit Pumpbrunnen und gusseiserner Galerie befinden sich heute ebenfalls Läden.

St. Anna (I A3): Die Neugasse lenkt den Blick direkt auf die Fassade der Kirche in der Plöck. Auf Merians Stich von 1622 sind eine Vorgängerkapelle und ein Friedhof an dieser Stelle zu erkennen. 1714–17 wurde die Kirche auf früheren Kellern errichtet, doch die Fassade wurde erst 1749 angefügt – Franz Wilhelm Rabaliatti, der die Fassade der Jesuitenkirche schuf (S. 72), wird auch hier als Planungsarchitekt vermutet. Ihre von vier Pilastern in drei Teile gegliederte Form folgt mit großen Rundbogenfenstern und mittigem Portal, Figurenschmuck und Dreiecksgiebel den klassischen Proportionen. Sie wird von einer großen Scheinkuppel überwölbt, die die Schauseite zwar etwas kopflastig macht, aber Aufmerksamkeit auf sich zieht. Der Effekt dieser Kuppel wird allerdings von einem dritten Rundbogenfenster direkt unter der Spitze, die eine Uhr sowie ein Glockendachreiter zieren, unterminiert: Er wurde nachträglich einem Oberlicht geopfert, denn dieses Fenster fehlt in der Planzeichnung, die im *Thesaurus Palatinus* (1747–52) zu sehen ist. Im Innern ist die Saalkirche mit eingezogenem Chor in Weiß gefasst. Sie birgt nur wenige Ausstattungsstücke – mit Ausnahme des **Kruzifixaltars** sind sie allesamt schlicht. Dieser geht auf die Werkstatt Paul Egells (1691–1752) zurück und ist der einzige an Ort und Stelle erhaltene Barockaltar in Heidelberg. Zum Gekreuzigten wendet sich ausdrucksstark *St. Rochus* in Pilgertracht (links). Er ist Patron der Pestkranken und Fürsprecher der Siechen.

Links an die Kirche schließt der große Barockbau des **Hospitals St. Anna** an, dessen Bau 1714 begonnen wurde. Die Planung wird den Baumeistern Theodor Sartori und Johann Adam Breunig zugeschrieben, mit späteren Veränderungen durch Johann Jakob Rischer. Ursprünglich sollten zwei große Flügel die Kirche mittig flankieren, es konnte aber nur der Ostflügel realisiert werden. In Höhe, Ausdehnung und Gestalt scheint der Gesamtkomplex in seiner Straßenfront die schmale Gasse sprengen zu wollen, so dass der flüchtige Betrachter die aufwendige Formgebung leicht übersieht. Das repräsentative Spitalhaus misst 13 Fensterachsen Länge und scheint mit hervorgehobenen ionischen Kolossalpilastern an den Gebäudeecken, plastischen Kapitellvoluten und stark verkröpftem Gebälk italienisch beeinflusst. Der Mittelrisalit über drei Achsen mit herzhaft ausgeprägten Schneckenvoluten lässt die Handschrift Rischers deutlich erkennen. Die östliche Hofeinfahrt liegt unter einem Segmentrundbogen mit der Inschrift »Elende Herberge 1735 H. B.«. Heute ist das St. Anna Hospital Alten- und Pflegeheim. Auf dem ehemaligen St. Anna-Friedhof fanden u. a. die Frau Clemens Brentanos, Sophie Mereau († 1806), und der Jurist Anton Friedrich Justus Thibaut († 1840), der 1814 einen berühmten Singverein gründete, ihre letzte Ruhestätte: Mit Anlage des Bergfriedhofs wurde auch dieser Begräbnisort in der Altstadt aufgehoben.

Die Nadlerstraße führt zur **Friedrich-Ebert-Anlage** (I A/B3). Diese Promenade wurde bis 1830 entlang des zugeschütteten Grabens der Stadtmauer angelegt. Nach dem Bau des Bahnhofs 1840 und der Bahnstrecke ins Neckartal, die hier entlangführte, wurde die Nordseite der vormals parkähnlichen Gartenlandschaft schnell von repräsentativen Wohn- und Geschäftshäusern flankiert. Die Bahnstrecke wurde 1955 nach der Einweihung des neuen Bahnhofs (S. 158) aufgegeben.

Das Hotel **»Europäischer Hof« (Nr. 1a)** ist ein quer zur Straße angeordneter dreistöckiger Putzbau mit Mansarddach in verhaltener klassizistischer Form, der 1863–65 errichtet, später aber mehrfach verändert wurde. Restaurant-Anbauten, Wintergarten und eine neue Innenausstattung entstanden 1925–28 nach Plänen von Franz Sales Kuhn. Der Europäische Hof gilt als »seltenes Beispiel eines historistischen Luxushotels in Baden« und ist bis heute in Familienbesitz. Im Einzugsbereich des Bahnhofs, der sich dort befand, wo heute das Mengler-Hochhaus in die Höhe ragt, wurden in der zweiten Hälfte des 19. Jh.s auch um den **Adenauerplatz** (I A3) herum mehrere Grandhotels gebaut: So der »Heidelberger Hof« 1876–77 nach Vorbild der italienischen Renaissance am Beginn der Rohrbacher Straße (seit 1937 Polizeidirektion) und gegenüber das »Hotel Schrieder« (in den 1980er Jahren saniert). Am **Bismarckplatz** (I A3) gibt es den »Bayerischen Hof« und das »Hotel Tannhäuser«. Der Gasthof »Zum Stall« (heute »Café Rossi«) war als Kutschenstation und Trinkhalle von Bedeutung. Beim Zugang zur Hauptstraße standen einst der »Darmstädter Hof« (heute Einkaufszentrum) und der »Russische Hof«.

Gegenüber dem Europäischen Hof wurde 1830 als Ersatz für den verlegten Botanischen Garten des heutigen Friedrich-Ebert-Platzes (S. 93) der sogenannte **Stadtgarten** (I A3) von Landschaftsarchitekt Johann Christian Metzger gestaltet. Nicht zuletzt der hölzerne Musik- und Teepavillon war 1885–1936 ein attraktiver Anziehungspunkt. Den heute hier vorzufindenden Flachbau, in dem ein Restaurant und eine Galerie untergebracht sind, hat 1936 Franz Sale Kuhn entworfen.

Scheithauer-Brunnen: Der Kolossalbrunnen von Rainer Scheithauer (1988) dominiert das Rondell des Adenauerplatzes (I A3): 300 l Wasser pro Sekunde strömen hier in kraftvoller Kaskade aus 9 m Höhe herab und geben dem verkehrsumflossenen Platz im Sommer eine belebende Atmosphäre.

Das Eckhaus **Adenauerplatz 12** ließ der berühmte Mediziner Nicolaus Friedreich 1877–79 im Stil der Neorenaissance erbauen, mit repräsentativem Eingangsbereich unter einem Altan. Das Gebäude wurde 1951 vom Heidelberger **Amerika-Haus**, das vormals in der Hauptstraße angesiedelt war, übernommen. Mit Bibliothek und Internationaler Presse sollten die »Amerika-Häuser« die Verbindung Nachkriegsdeutschlands mit den USA aufbauen und fördern, waren aber in den 1960er Jahren auch häufig Ziel von Demonstrationen gegen den Vietnamkrieg. Der Künstler Christo verhüllte diese Villa während eines Festivals 1969. Seit 1978 nennt sich das Kulturhaus **Deutsch-Amerikanisches Institut** (DAI, I A3) und wird heute jährlich von ca. 500 000 Besuchern frequentiert.

Wo heute die **Sofienstraße** (I A2–3) zum Neckar hinführt und in den Bismarckplatz mündet, verlief einst die Westbefestigung der Stadt. Ein Graben auf dieser Linie ist für das Jahr 1364 erstmals erwähnt. Die Straße wurde nach Abriss starker Befestigungsanlagen erst 1830 angelegt und ist benannt nach Sophie Wilhelmine von Holstein-Gottorf (1801–1865), der Gemahlin von Großherzog Leopold. Nach dem Bau der neuen Neckarbrücke 1875–77 gewann sie als Verbindung der eingemeindeten Stadtteile Weststadt, Neuenheim und Handschuhsheim hohe Bedeutung. Gedenktafeln erinnern hier an den Roten und den Blauen Turm sowie am Eingang zur Hauptstraße – genauer: dort, wo St. Anna-Gasse und Hauptstraße aufeinanderstoßen – an das Speyerertor, den einst westlichsten Durchlass der wehrhaft ausgebauten Stadtbefestigung.

An der Stelle des **Bismarckplatzes** (I A3), heute einer der verkehrsreichsten Orte der Stadt, befand sich einst der Winterhafen für die Neckarschifffahrt – dieser wurde 1847 ausgehoben, aber bereits 20 Jahre später wieder verfüllt: Die Bahn übernahm nun die Transporte. 1875 war an seiner Stelle ein Park entstanden, und er wurde nach Otto von Bismarck benannt. Zum 80. Geburtstag des Reichskanzlers 1895 wurde er mit einer überlebensgroßen **Marmor-Büste** des Stuttgarter Bildhauers Adolf Donndorf aufgewertet. Als Entrée zur Stadt war der Platz rasch von repräsentativen Gebäuden gesäumt, von denen die meisten allerdings den Stadtsanierungen der 1970er Jahre zum Opfer fielen. Seit 1962 beherrscht ein Kaufhaus mit hoher Front des Berliner Architekten Egon Eiermann die Südseite des Areals. Vor ihm ist seit 1985 eine **Brunnenplastik** des Bildhauerehepaars Matschinsky-Denninghoff platziert – sie symbolisiert die sich hier kreuzenden Verkehrswege in silbrigen Bändern. Im Volksmund wird die Anlage »Spaghetti-Brunnen« genannt. Als weiteren Brunnen vor dem Park entwarf der Hannoveraner Designer Herbert Lindinger 1985–86 ein ebenerdig begehbares Wasserspiel.

Schloss und Königstuhl

Zum Schloss gelangt man zu Fuß über den Burgweg, der um Nord- und Ostflanke herum zum Torhaus-Eingang führt, oder über den Kurzen Buckel (Treppen entlang der Westflanke), sowie alternativ mit dem Auto über die Neue Schlossstraße oder mit der **Bergbahn** (I C/D2–3). Letztere, als Standseilbahn 1889–90 von den Brüdern Leferenz gebaut und mit ca. 1,5 km die längste Bergbahn Deutschlands, überwindet insgesamt 437 Höhenmeter. Sie startet am Fuße des Schlossbergs (am Parkhaus) und führt über die Stationen »Schloss« und »Molkenkur« bis auf den 563 m hohen Königstuhl (S. 137). Der obere Teil ab Station Molkenkur wurde 1907 eröffnet und steht heute unter Denkmalschutz. Zum Einsatz kommen dort die originalen hölzernen Wagen mit Spurweite 1000 mm – sie wurden 2005 technisch überholt und entsprechen heutigen Sicherheitsbestimmungen. Diese Teilstrecke misst knapp 975 m und überwindet 260,5 Höhenmeter in ca. neun Minuten. Die Obere Bergbahn ist die älteste Standseilbahn in Baden-Württemberg und neben dem Stuttgarter Exemplar die einzige, die in originaler Technik funktionstüchtig erhalten blieb.

Die **Neue Schlossstraße** (I C2–3) wird von repräsentativen Bauten des Historismus gesäumt, wie der um 1905 entstandenen **Villa Remler** (Nr. 38, I C2) im Pseudostil einer neogotischen Wohnburg.

Vor dem Haupteingang des Schlosses bildet die **Villa Lobstein** (Schlossberg 55, I C/D2), aus hellem Sandstein im Stil der italienischen Hochrenaissance erbaut, einen auffälligen Kontrast zur rötlichen Färbung des Schlosses. Sie entstand 1886–87 im Auftrag des Mediziners Friedrich Eduard Lobstein und war früh Treffpunkt kunstsinniger Eliten. Der Germanist Friedrich Gundolf und der Dichter Stefan George wohnten hier mehrfach zwischen 1909 und 1930, so dass das Haus zum

Versammlungsort des Heidelberger George-Kreises avancierte. Zu diesem zählten Percy Gothein und Hermann Speer, der Bruder des nach Krieg und Haft in Heidelberg lebenden Architekten und NS-Rüstungsministers Albert Speer, sowie Caroline von Stauffenberg und ihre in Heidelberg studierenden Söhne, darunter der spätere Hitler-Attentäter Claus von Stauffenberg.

Der Standort des Schlosses war die zweite Wahl, denn eine wehrhafte **Obere Burg** befand sich zunächst rund 100 Höhenmeter über dem heutigen Plateau auf dem Kleinen Gaisberg, beim heutigen Gasthaus Molkenkur (Station Molkenkur, I D3). Zu ihrer Versorgung entstand im 12. Jh. die urbane Kernzelle Heidelbergs auf dem Schwemmfächer des Klingenteichbachs. Eine Zeichnung von 1537, Pfalzgraf Ottheinrich zugeschrieben, zeigt diese Burg im Stil des Hochmittelalters mit wuchtigen Mauern, hohem Bergfried und fünfachsigem Wohntrakt. Sie diente dem Schutz und der Kontrolle des Neckartals sowie der Neckarfähre, die der Wormser Abtei Schönau im Odenwald als wichtige Einnahmequelle diente. Durch Blitzschlag und Pulverexplosion wurde diese Burg am 25. April 1537 zerstört. Die schwer erreichbare Anlage war aber bereits zu Beginn des 13. Jh.s durch den Neubau des Schlosses auf dem näher zur Stadt gelegenen Jettenbühl als Wohnanlage teilweise abgelöst worden. Die Ansprüche der Bewohner hatten sich verändert: Die mittelalterliche Burg hatte noch primär strategischen Zwecken gedient, nun wollte man einen repräsentativen Adelssitz und bevorzugte leichter erreichbare geographische Positionen.

Auf dem **Jettenbühl**, einem Granitvorsprung, findet sich beides: strategische Verteidigung und repräsentative Wohnkultur mit über 600-jähriger Baugeschichte (I D2). Die vorhandenen spätromanisch-frühgotischen Fensterreste in einer Trennmauer zwischen Friedrichsbau und späterem Gläsernen Saalbau sind wohl um 1235 zu datieren. Erster Bauherr war

Ludwig I. von Bayern, der 1214 mit der Pfalzgrafschaft belehnt wurde. Brandspuren bezeugen die Zerstörung dieser Bebauung, möglicherweise durch den Habsburger Albrecht I. im Jahr 1301. Spätestens mit der durch die *Goldene Bulle* (1356) bestätigten Kurwürde der Pfälzer erhielten die Erschließung und Verteidigung auf dem Jettenbühl größere Bedeutung. Unter Ruprecht I., in dessen Regierungszeit (1329–90) sowohl die *Goldene Bulle* als auch die Gründung der Heidelberger Universität fallen, dürfte der mit ca. 80 × 80 m weiträumige Innenhof bereits vollständig von einer Mauer umfasst gewesen sein, an deren Innenseiten sich Gebäude befanden.

Das äußere Schloss: Wehranlagen und Gärten

Gegenüber dem neu errichteten **Besucherzentrum** (Architekt: Max Dudler, 2012), dessen kubische Buntsandsteinfassade die wehrhafte Architektur der historischen Bauten aufgreift, befindet sich der **Stückgarten** (**2** – die Zahlen beziehen sich auf die Ansicht auf S. 106 f.); »Stück« = Geschütz, Kanone). Man erreicht ihn durch das **Elisabethentor** (**1**), das Friedrich V. (Kurfürst 1610–23) zum 20. Geburtstag seiner englischen Braut Elisabeth Stuart 1615 aus Sandstein errichten ließ. Die vier Säulen stellen efeuumwucherte und von kleinen Tieren bewohnte Baumstämme dar. Links schloss sich einst eine Orangerie (Vogelhaus) an das Tor an – nur noch wenige Mauerreste zeugen davon. Eine Gedenktafel erinnert daran, dass hier der Ginkgo-Baum gestanden haben soll, der Goethe zu seinen berühmten Versen »Ginkgo biloba« im *West-östlichen Divan* (1819; erweitert 1827) angeregt hat; das scheinbar doppelte Herz-Blatt des Ginkgo-Baums wird darin als symbolhaftes Liebeszeichen poetisiert). Wie das Elisabethentor ist der Stückgarten ein Werk des Landschaftsarchitekten Salomon de Caus. Das Plateau des Gartens entstand 100 Jahre früher unter Ludwig V. (Kurfürst 1508–44) durch Verfüllung des Grabens zwischen zwei äußeren Ringmauern. Die westlichste entstand 1529–30 und wurde durch zwei mächtige Geschütztürme gesichert, den **Dicken Turm** (5; Höhe einst ca. 37 m, äußerer Durchmesser 28,50 m, Wandstärke ca. 7 m – ihn ziert heute eine Sandsteinstatue Ludwigs V.) und den halbkreisförmigen **Rondellturm** (3; Mauerstärke 6,84 m). Zusammen mit dem 100 m langen und zur Stadtseite hin 25 m hohen **Westwall** (4) ergaben sie eine beeindruckende Befestigungsanlage, die noch dem alten Typus der gotischen Wehrburg entsprach. Dieser wehrhafte Ausbau zur Rheinebene und zum Neckar hin, mit dem Dicken Turm als markantem Eckpunkt gilt als »frühes monumentales Beispiel neuzeitlichen Befestigungswesens« (Volker Rödel; s. zu diesem Thema auch den Kasten auf S. 108 f.). Das stark durchfensterte, dünnwandigere obere Geschoss des Dicken Turms ist 100 Jahre jünger: Ein 1619 aufgesetzter **Ballsaal** (lichte Weite ca. 26 m) diente zur Unterhaltung der Hofgesellschaft. Hier sollen Stücke von William Shakespeare aufgeführt worden sein, nicht lange nachdem dieser verstorben war. Dieser Turmaufbau Friedrichs V. schwächte, wie auch der Englische Bau rechts des Dicken Turms und der Hortus Palatinus im Osten (S. 114), die Verteidigungskraft des Schlosses. Der **Englische Bau** (6; um 1612), der Palast für die englische Prinzessin, bestand aus zwei Geschossen plus Dachgeschoss mit Zwerchhäusern, und die repräsentativ gestaltete Nordseite zur Stadt hin zeigt neun Kolossalpilaster über zwei Stockwerke mit jeweils sieben halbrund gewölbten Fensterluken. Die Südseite, zum Stückgarten hin, ist mit zwölf gleichmäßig rechteckigen Fensterachsen schlichter gehalten. Als Architekt wird der Engländer Inigo Jones vermutet, aber auch der Nürnberger Rathaus-Baumeister Jakob Wolff. Im Pfälzischen Erbfolgekrieg 1689–93 wurde der Englische Bau bis auf die Außenmauern

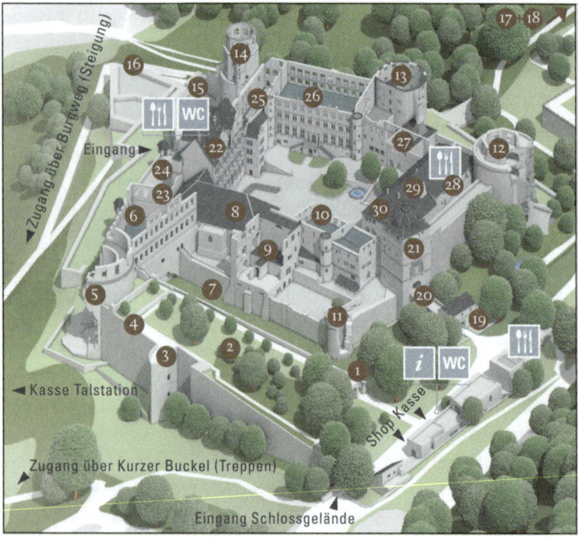

zerstört, und der Dicke Turm und der Rondellturm wurden gesprengt.

Ein 18–20 m tiefer **Graben** (7) mit Wasserrinne, der nie gänzlich mit Wasser gefüllt war, trennt den trapezförmigen Stückgarten-Wall von den inneren Gebäuden. Die teilweise stark zerstörten Rückfronten von Frauenzimmer-, Bibliotheks- und Ruprechtsbau sind gut zu erkennen, wobei der über dem ehemaligen Zwinger-Graben erstellte gotische sogenannte **Bibliotheksbau** (9; um 1520; der Name »Bibliotheksbau« ist allerdings irreführend: zu seiner Ansicht vom Innenhof aus, zu seiner Nutzung und zu den Innenräumen s. S. 122 f.) das größte Augenmerk auf sich zieht: Durch die zerstörte Westsei-

Das Schloss heute:

1 Elisabethentor
2 Stückgarten
3 Rondellturm
4 Westwall
5 Dicker Turm mit Ballsaal
6 Englischer Bau
7 Graben
8 Frauenzimmerbau
9 Bibliotheksbau
10 Ruprechtsbau
11 Seltenleer
12 Krautturm
13 Apothekerturm
14 Glockenturm
15 Zeughaus
16 Karlsschanze
17 Scheffelterrasse
18 Hortus Palatinus
19 Brückenhaus
20 Brücke
21 Torturm
22 Friedrichsbau mit Schlosskapelle und Schlossmuseum
23 Fassbau mit Fasskeller
24 Altan
25 Gläserner Saalbau mit Spiegelsaal
26 Ottheinrichsbau mit Kaisersaal und Deutschem Apothekenmuseum
27 Ludwigsbau
28 Versorgungstrakt
29 Soldatenbau
30 Brunnenhalle

te schaut man in dieses dreistöckige Gebäude hinein wie in ein Puppenhaus. Die Burg hatte von Beginn an zwei schützende Mauern, zwischen denen der Zwinger lag: Der Westwall (beendet 1529/30) mit einer zusätzlichen Außenmauer machte diesen obsolet, weshalb der Bibliotheksbau aus der inneren Häuserfront komplett rückversetzt über den Zwinger gebaut werden konnte. Diese Ruine zeigt den Kurfürsten, der das Schloss in seiner Wehrhaftigkeit stärken wollte und mit dem Marstall am Neckar (S. 71) auch trutzige Bauten innerhalb der Stadt hinterließ, als in spätgotischer Tradition stehenden Herrscher. Die starke Rückversetzung des quadratischen Gebäudes öffnet an der Ostseite einen kleinen Hof in der Häuser-

Das Schloss als Festung

Vermutlich trachtete bereits Friedrich I. (Kurfürst 1449–76; »der Siegreiche« – denn seine militärischen Erfolge wurden legendär) danach, das Schloss als Festung zeitgemäßen Erfordernissen anzupassen. Er eliminierte Elemente mittelalterlicher Burgenarchitektur wie Bergfried und Schildmauer und rüstete die Seite zum engen Friesental im Osten auf – das noch keine Gartenanlage überspannte –, da von dort ein Angriff am wahrscheinlichsten war: Bauteile dieser Anlage dürften in der zweiten Hälfte des 15. oder zu Beginn des 16. Jh.s in ihren Grundzügen fertiggestellt gewesen sein.

Die Vollendung dieser Ost-Befestigung wird allerdings Ludwig V. (ab 1508) zugeschrieben – der »bauwütige Kurfürst« hinterließ Jahreszahlen in Türstürzen, die erste exakte Datierungen ermöglichen. Die monumentale Wehrhaftigkeit des Schlosses ist zum größten Teil das Ergebnis der Bautätigkeiten dieses Herrschers. Er schuf oder vollendete nicht nur die Ostflanke, sondern auch die gewaltigen Ecktürme, den eindrucksvollen Westwall sowie den hohen Torturm – und damit die heute noch charakteristischen äußeren Bauten der Residenz. (Dagegen nimmt sich Ludwigs Wohnhaus in der Südostecke des Innenhofs bescheiden aus; s. S. 136.) Die einzelnen Fortifikationsmaßnahmen legten sich wie Häute um die Kernburg, so dass man diese Architektur zu Recht mit einer Zwiebel verglich, bei der sich die Befestigungsanlagen mehrerer Generationen auf engstem Raum wie Schalen übereinanderlegen (Wacker 2012). Ludwig verstärkte die Residenz konservativ im Stil der Spätgotik. Sein Verteidigungskonzept entsprach Albrecht Dürers Festungslehre *Etliche underricht zur befestigung der Stett, Schloß und flecken* von 1527. Doch Dürers Schrift ist mehr Zusammenfassung des Bisherigen als kühnes Denken in die Zukunft, wie es etwa Leon Battista Alberti schon 1452 betrieben hatte – er begegnete den immer gewaltigeren Bombarden mit sägezahnartigen Festungsgrundrissen. Auch Leonardo da Vinci und Michelangelo befassten sich um 1500 mit solchem Festungsbau, der Ludwig nicht unbekannt gewesen sein kann, wie an der Nordostecke unter dem Glockenturm (S. 112) deutlich wird.

Das Burg-Konzept »Wohnen und Wehren« begann sich sukzessive aufzulösen: Die Verteidigung einer Residenz trennte sich vom Wohnkomplex und wurde diesem als Bastion vorgelagert, je stärker die Feuerkraft und je größer die Reichweite der neuen Kriegsgeräte wurde. Aber erst 100 Jahre später wurde moderne Verteidigungsstrategie in der Kurpfalz übernommen und Bastionen wie die Friedrichsburg (das spätere Mannheim, ab 1606) errichtet. In dieser Zeit wurden zur Sicherung der westlichen Stadtgrenze Heidelbergs entsprechende Anlagen direkt vor das Speyerertor gesetzt (1620; heute Bismarckplatz; s. S. 100).

front des inneren Schloss-Carrés, in den ein polygonaler Schmuck-Erker mit Maßwerk auskragt. Seit 1873 befindet sich in diesem kleinen Hof ein Brunnen. Ungewöhnlich für das 16. Jh., wurde der »Bibliotheksbau« bis ins obere Stockwerk in Stein gewölbt, was vermuten lässt, dass sich hier die Münze befand, und was das Vorhandensein wertvoller Bücher tatsächlich denkbar macht. Zerstört wurde diese spätgotische Wohnarchitektur 1693 durch Sprengung.

Links schließt sich der sogenannte Frauenzimmerbau an (**8**; S. 123), von dem allerdings nur die Fundamente original erhalten sind. Im 19. Jh. wurde auf ihnen der Königssaal errichtet.

Rechts fügt sich entlang des Grabens der **Ruprechtsbau** (**10**; zu seiner Ansicht vom Innenhof aus, zu den Innenräumen und zur Baugeschichte s. S. 121) an, dessen genaue Datierung schwierig ist und dessen Lage im Schlossganzen seinen eigentlichen Zweck als Königspalast fraglich erscheinen lässt – mit der Krönung Kurfürst Ruprechts III. zum deutschen König Ruprecht I. war Heidelberg temporär (1401–10) »Hauptstadt« des Heiligen Römischen Reiches deutscher Nation und das Schloss der zentrale Regierungssitz, auch wenn der Herrscher die meiste Zeit noch umherzog. Vom Stückgarten aus ist ein Absatz in der Mauerung der Südwestecke zu erkennen, der den steinernen Ausbau der Obergeschosse unter veränderten Maßgaben deutlich macht und sich mit der Jahreszahl 1534, also in Ludwigs Regentschaft, fixieren lässt (S. 121). Erst in dieser Zeit, also etwa 100 Jahre nach der Regentschaft Ruprechts I., ermöglichten die durch Geschütztürme verstärkten Ringmauern die Verteidigung des Gesamtkomplexes nach drei Seiten auch mit schweren Kanonen; die Südseite, zum Königstuhl hin, war nur durch einen schmalen Graben geschützt. Der Zugang zur Brücke war vom Torturm bzw. einem kleinen Eckturm mit dem Eigennamen **Seltenleer (11)** aus zu verteidigen (ob in diesem auch als Gefängnis genutzten dreigeschossigen Rundbau, der 1693 gesprengt wurde, der zur Abdankung gezwungene Gegenpapst Johannes XXIII. einsaß, den Pfalzgraf Ludwig III. vom Konstanzer Konzil nach Heidelberg verbringen und hier und anderswo bis 1418 festsetzen ließ, ist nicht sicher). Zur Zeit von Ruprechts Regentschaft jedenfalls hatte noch die Obere Burg – ab etwa 1462 dann zusätzlich ein Verteidigungsturm am Nordwesthang des Kleinen Gaisbergs, Trutzkaiser genannt (er explodierte 1693) – die strategische Aufgabe, die schwach gesicherte Südflanke des Schlosses zu schützen, da Tor- und Gefangenenturm nur kleinere Verteidigungswaffen zuließen. Dass man König Ruprechts Haus (»Ruprechtsbau«) an strategisch ungünstigster Stelle direkt am Eingang zum Schlosshof errichtet hat, würde zeigen, dass die Innenseiten der umlaufenden Mauer um 1400 schon dicht bebaut waren. Leider lassen sich weitere Baumaßnahmen dieser Epoche nur schwer identifizieren.

Der Weg führt um das Schloss herum in den Schlossgarten: Der 1693 von französischen Truppen planmäßig mit Sprengminen geschleifte **Krautturm** (**12**; sein Name leitet sich vom Zündkraut ab, das zum Zünden von Schwarzpulver benötigt wurde) zählt zusammen mit dem etwas vorgesetzten Apotheker- und dem heute eher zierlich wirkenden nördlichen Glockenturm zu den frühesten Elementen des wehrhaften Ausbaus. Den ehemals 42,50 m messenden, heute nur noch ca. 33 m hohen Geschützturm an der Südostecke ließ Friedrich IV. 1603 massiv verstärken und erhöhen. Dabei wurde ein Mittelpfeiler eingezogen. Die Mauerstärke variiert zwischen 3,50 und 6,50 m. Nach einem missglückten Sprengversuch 1689 löste die Detonation von 1693 eine komplette Mauerschale – und somit etwa ein Viertel des Turmumfangs – vom Bauwerk ab. Sie rutschte den Hang hinunter und kippte dann auf den Turm zurück, auf dessen Schutt sie seither ruht. Der geborstene Turm zählt nicht nur zu den begehrtesten Motiven für Fotografen und Maler (Goethe zeichnete ihn 1779), er zeigt auch, dass den Explosionskräften chemischer Mixturen an der Wende zum 18. Jh. kein noch so dickes Mauerwerk mehr gewachsen war.

Von der Scheffelterrasse aus zeigen sich die Ostseite und Teile der Nordfassade vor dem Hintergrund von Stadt und Rheinebene in ihrer ganzen, wehrhaften Pracht: Zwischen Kraut- und mittlerem Apothekerturm erstreckt sich der Ludwigsbau (S. 136) auf den sich am Fuß verbreiternden **Kasematten**. Der Verteidigung diente daneben eine vorgeschobene **Spitzkasematte** vor dem Apothekerturm (um 1584) sowie die **Wasserkasematte** am Krautturm, die Wasser vom Berg zum Brunnenhaus im Schlosshof führte und im unteren Teil mit Schießscharten versehen ist. Eine **Eskarpengalerie**, die sich von hier über 60 m bis zum Apothekerturm hinzieht und tief gelegene Schießscharten aufweist (Wandstärke ca. 2,70 m), diente ebenfalls der Verteidigung des Friesentals. Die Ostflanke blieb die Achillesferse, auch während der Belagerungen des Dreißigjährigen Krieges: Die Eroberer wagten dort im September 1622 den Sturmangriff – und die Terrassen des kurz zuvor entstandenen Hortus Palatinus (S. 114) waren ihnen dabei offenbar ebenso dienlich wie die nur auf Nahverteidigung ausgelegten Kasematten.

Der **Apothekerturm** (**13**; in dem sich tatsächlich die Hofapotheke befand und sich heute auch ein Teil des Apothekenmuseums befindet) ist deutlich vor die Fassadenlinie gesetzt; er ermöglichte fast eine Rundumverteidigung. Ab 1556 – der Turmbau war bereits aufgestockt und reich durchbrochen – griff der Ottheinrichsbau (S. 132) die Doppelfensterreihen auf gleicher Höhe auf und führte sie bis zur Schmalseite des zuvor entstandenen spätgotischen Gläsernen Saalbaus (S. 129).

Der bis in 11 m Höhe kreisrunde **Glockenturm** (**14**) an der Nordostecke ist mit einem Kamin ausgestattet und diente als Wohnbau. Friedrich II. (Kurfürst 1544–56), der Bruder Ludwigs V. und Erbauer des Gläsernen Saalbaus (S. 129), erhöhte ihn um fast 30 m, wobei die nun oktogonen Stockwerke im Durchmesser kleiner sind als der Unterbau, was einen Umlauf ermöglicht. Der Turm war von einem Zeltdach sowie einer Laterne bekrönt, die Friedrich mit einer Warnglocke ausstatten ließ.

Die dem Fluss zugewandte Nordseite des Komplexes war zur Zeit Ludwigs V. (Kurfürst 1508–44), als die zeitgenössische Artillerie das Schloss bereits von der gegenüberliegenden Neckarseite oder vom Heiligenberg aus unter Beschuss nehmen konnte, eine Schwachstelle. Daher ließ der Kurfürst sie durch das vorgelagerte, spitz zulaufende **Zeughaus** (**15**) sichern. Es umschließt den Glockenturm und läuft als einziges Wehrwerk dieses Kurfürsten spitzwinklig zu, scheint also zeitgenössische italienische Vorschläge zum effektiveren Festungsbau aufzugreifen. Johann Casimir, 1583–92 Administra-

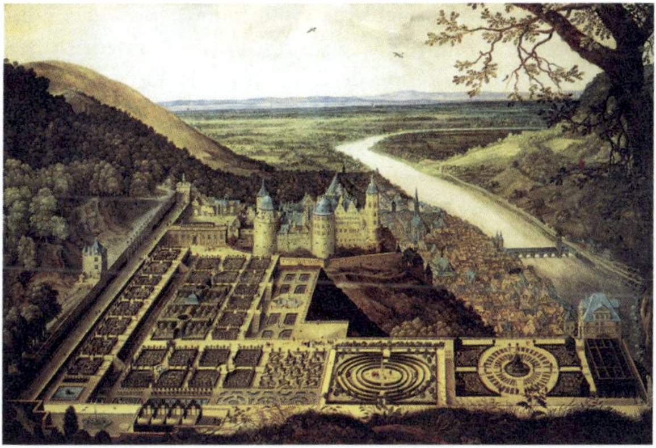

Der Hortus Palatinus, gemalt von Jacques Fouquières, entstand nach Plänen Salomon de Caus'.

tor der Kurpfalz (ihm verdankt man den Fassbau, s. S. 127), ergänzte dieses Konzept mit einem treppenartigen keilförmigen Ausbau der gesamten Nordflanke, die man vom äußersten Ende der Scheffelterrasse aus gut einsehen kann und die der schweren Batterie Aufstellung bot. Karl II. (Kurfürst 1681–85) versuchte später, die Nordostecke des Schlosses mit einer zusätzlichen Schanze (**Karlsschanze**; **16**) samt Eckturm weiter zu befestigen. Ein solches Kronwerk wurde auch am Fuße des Dicken Turms (S. 105) errichtet, wovon es heute aber kaum mehr Spuren gibt.

Die **Scheffelterrasse** (**17**) selbst geht auf den theaterverliebten, aber politisch unglücklich agierenden »Winterkönig« Friedrich V. zurück (Kurfürst 1610–23). Benannt wurde sie später nach Joseph Victor von Scheffel, dem Dichter rührseliger

Studentenlieder (»Alt Heidelberg, du feine«) sowie des Bühnenwerks *Der Trompeter von Säkkingen* (1853). Friedrich ließ nach den Plänen Salomon de Caus' einen terrassenförmigen Renaissancegarten über dem Friesental errichten. De Caus legte seine Absichten für diesen **Hortus Palatinus** (**18**; ›Pfälzischer Garten‹), der vielen Zeitgenossen als »achtes Weltwunder« galt, in einem prachtvoll mit Stichen ausgestatteten Buch dar, und der flämische Maler Jacques Fouquières hielt das Projekt im selben Jahr, 1620, in einem berühmten Gemälde fest (heute im Kurpfälzischen Museum). De Caus nutzte den Wasserreichtum dieses Areals für die Bewässerung, aber auch für technische Apparaturen, etwa eine wasserbetriebene Orgel. Doch sein Plan konnte nicht in allen Teilen realisiert werden – wie weit die von ihm beschriebenen Details tatsächlich verwirklicht wurden, ist unklar, aber offenbar gedieh der Garten weiter, als man lange angenommen hat. Geblieben sind vier Terrassen, mehrere Brunnen, Grotten und ein exotischer Baumbestand. Der Versuch einer weitgehenden Rekonstruktion scheiterte 2009. Sicher ist, dass dieser Gartenplan in krassem Gegensatz zu früheren Bemühungen stand, die Residenz gerade nach Osten hin gut zu verteidigen: Die rund 20 m hohe, auf beinahe filigranen Mauerbögen stehende Terrasse bot angreifenden Truppen ein günstiges Plateau zum Beschuss der Festung. Seit jeher aber gilt sie – und das war wohl ihr nobler Zweck – als attraktive Aussichtsplattform mit dem Blick über Schloss, Stadt und Rheinebene, der in zahlreichen Gemälden verewigt wurde. Von hier aus lässt sich auch die planvolle Gestaltung der Altstadt in städtebaulicher »Leiter«-Struktur gut erkennen: mit zwei durch Quergassen verbundenen Hauptachsen. Johann Wolfgang von Goethe verabschiedete sich Ende September 1815 im Schlossgarten von Marianne von Willemer: Die *Goethe-Bank*, die daran erinnert, entstand 1922 nach Plänen von Franz Sales Kuhn mit Wiedehopf-Medaillon und zwei Inschriften. Das *Goethe-Denkmal* nutzt den Abguss einer Büste von David d'Anger (1829) und wurde hier 1987 enthüllt. Die Inschrift auf dem Sockel zitiert Verse Marianne von Willemers (1824): »Auf der Terrasse hochgewölbten Bogen war eine Zeit sein Kommen und sein Gehn.«

Das innere Schloss: Hof, Wohnbauten, Brunnen, Fasskeller und Altan

Den südlichen Hauptzugang zum Schlossgeviert ließ Ludwig V. (Kurfürst 1508–44) durch ein **Brückenhaus** (**19**; im 18. Jh. neu aufgestockt und als erstes Museum Graf von Graimbergs genutzt), eine **Brücke** (**20**) und einen quadratischen Torturm sichern. Die heutige Brücke über den 20 m tiefen Südgraben stammt aus dem 18. Jh. und war bis 1810 mit einer hölzernen Zugbrücke kombiniert. Der **Torturm** (**21**; 1531–41) ist als einziger Turm des Schlosses allen Zerstörungen entgangen. Nur das Dach fing beim Brand des Ruprechtsbaus 1689 Feuer und musste ersetzt werden. Die über fünf Stockwerke glatt verfugten Steinquader und umlaufenden Hohlkehlgesimse – das untere durch einen Rundbogenfries aufgelockert – geben dem Torturm eine stattliche Majestät. Strategisch folgt er mit 52 m Höhe dem Ideal eines gotischen Stadttors. Die Stirnseite ziert ein Wappenfeld, das von zwei geharnischten Rittern mit jeweils 3,40 m Höhe (Nachbildungen) unter Baldachinen flankiert wird. Der Wappenschild selbst soll bronzen oder silbern gewesen sein und wurde vermutlich von französischen Truppen geraubt und eingeschmolzen. Die **Turmuhr** stammt von Christian Stieffel (1839), wurde 1897 erneuert und 1999 elektronisch ergänzt. Die Mauerstärke von 4,60 m ist vorn wegen des eisernen **Fallgitters** (heute Attrappe) im Obergeschoss um rund 70 cm verjüngt: Halterungen sind rechts und links zu

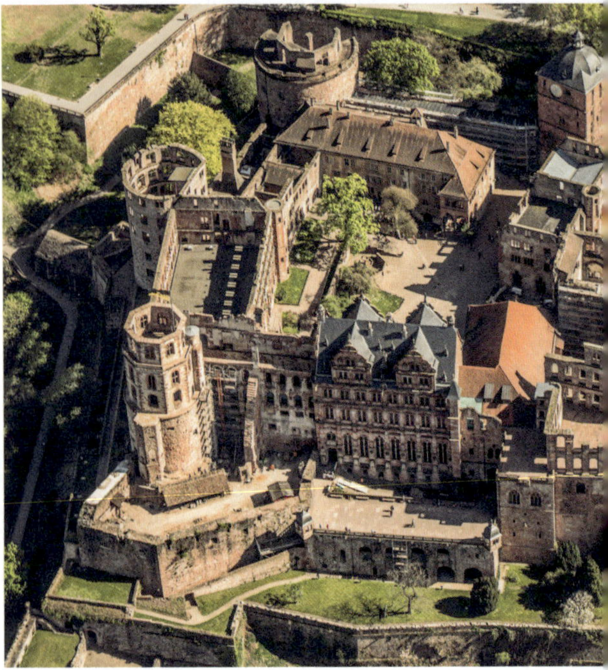

sehen; die Ketten wurden durch schräge Löcher geführt. Am wuchtigen Eichentor fällt ein eiserner Klopfring mit markanter Kerbe auf, dem sogenannten **Hexenbiss**: Der Legende nach sollte derjenige, der ihn durchbeißen konnte, das Schloss zum Geschenk erhalten, worauf sich eine Hexe mit all ihrer Zauberkraft daran versuchte. Vergeblich, wie man sieht. In der Decke des Tordurchgangs befindet sich ein Loch, das durch sämtliche

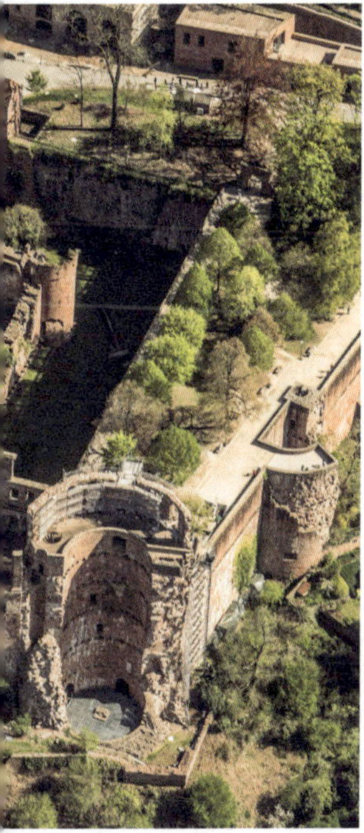

Das Schloss aus der Vogelperspektive von Norden her gesehen – zur Orientierung: rechts im Vordergrund der Dicke Turm (dahinter der Stückgarten), links der Glockenturm, dazwischen im Vordergrund der Altan

Etagen bis nach oben in die Wohnung des Turmwärters führt: Es diente seiner Versorgung.

Im geräumigen **Schlosshof** fällt auf, dass die inneren Gebäude und ihre Fassaden verglichen mit dem »rührenden Ruin« (so Wilhelm Heinse 1780) der äußeren Verteidigungsanlagen einen harmonischen, ja fast authentischen Gesamteindruck ergeben. Doch wie so oft trügt der Schein (s. Kasten, S. 118 ff.).

Verfall und Rekonstruktion

Nach der Sprengung des Schlosses und dem »Frieden von Rijswijk« 1697 war mehrfach der Versuch unternommen worden, das Schloss als Residenz wieder bewohnbar zu machen: Eine Rampe sollte von der Märzgasse her eine bequeme Auffahrt ermöglichen, und noch Karl Theodor (Kurfürst 1744–78) bemühte sich, obwohl die Residenz bereits nach Mannheim verlegt worden war, um eine Teilnutzung der Gebäude. Doch all diese Pläne wurden durch Blitzschlag und Brand 1764 vollkommen vereitelt, und so nagte der Zahn der Zeit rund 100 Jahre lang an den Schlossmauern – und die Heidelberger Bürger nutzten sie als Steinbruch. Schließlich sollten die Reste an eine Karlsruher Baufirma verkauft werden, was der Journalist und Dramatiker August von Kotzebue 1803 mit mehreren Artikeln verhindern konnte. Erst die Romantiker entdeckten die von Efeu umwucherten Hinterlassenschaften neu und erhoben sie zum unverzichtbaren Teil eines Ideal-Ensembles aus Geschichte, Landschaft und romantischer Stimmung. Maler wie Carl Philipp Fohr und William Turner tauchten das Schloss in geheimnisvolle Farben, Dichter wie Clemens Brentano und Joseph von Eichendorff besangen es in ihren Werken. Dabei schürte auch der »Fluch nach Frankreich hin« (so Christian Friedrich Daniel Schubart 1791) schon vor Napoleons Feldzügen das politische Bewusstsein nationaler Strömungen.

Als Retter der Ruinen trat dann ausgerechnet ein Franzose auf, Graf Charles de Graimberg, der 1810 nach Heidelberg kam, noch am Tag seiner Ankunft erste Skizzen vom Schloss machte und es bis zu seinem Tod 1864 in unzähligen Zeichnungen, Aquarellen und Grafiken dokumentierte: Seine »Sammlung Heidelberger Alterthümer«, die die Ruine bekannt machte und mit ca. 9000

Objekten den Grundstock des späteren Kurpfälzischen Museums (S. 85) schuf, ermöglichte es schließlich auch, die stark verfallenen Gebäude teilweise zu rekonstruieren. Eine Aufgabe, die mit der allgemeinen Wiederentdeckung des Mittelalters und der Renaissance zusammenfiel und starke Unterstützer fand, erschien die Ruine nun doch als klaffende Wunde im nationalen Selbstbewusstsein. Der sich daraus entwickelnde »Heidelberger Schlossstreit« warf grundsätzliche Fragen zum Umgang mit historischen Baudenkmälern auf und förderte den Wunsch, den Schutz architektonischer Altertümer allgemein verbindlich festzuschreiben.

So formten sich aus dem Gelehrtendisput letztlich die Prinzipien moderner Denkmalpflege – aber der Weg dahin war lang und steinig: Oberbaurat Schäfer verfolgte den Wiederaufbau des Schlosses als Nationaldenkmal, eine Idee, die mit der Gründung des Deutschen Reichs 1871 geboren wurde. Die Badische Landesregierung sah die Notwendigkeit, die fragilen Baureste zu retten, da das Heidelberger Schloss längst zur touristischen Attraktion avanciert war und sein durch französische Heere verursachter Ruinenzustand galt vielen als »nationale Schande«. Man richtete daher 1883 ein Schlossbaubüro mit den Architekten Julius Koch und Fritz Seitz ein, die den Komplex in mehr als 750 Skizzen dokumentierten. Abschließend empfahlen sie – für viele Befürworter des Wiederaufbaus überraschend – nur technische Schutzmaßnahmen (1891) und keine Rekonstruktion. Großherzog Friedrich I. und der Leiter des badischen Hochbauamtes, Joseph Durm (von ihm stammt die Universitätsbibliothek; s. S. 79), entschieden sich 1894 allerdings gegen dieses Votum der Sachverständigen und für eine historisierende Wiederherstellung. Carl Schäfer erhielt den Auftrag und begann am Friedrichsbau: Er restaurierte dessen Fassaden, indem er etwa ein Drittel der Steine und die Skulpturen durch Kopien ersetzte. Die seit 1764 zerstörten Innenräume stattete er mit ornamentalen Stuckdecken und verzierungsreichen Türgewänden im Stil der Neorenaissance aus. Der Kunsthistoriker Georg Dehio (Straßburg) hielt Schäfers Plänen, die grundlegende Eingriffe in die Baustruktur nicht ablehnten, eine konservatorische Erhaltung des noch Vorhandenen entgegen und warnte eindringlich vor einer »Verschäferung« des Schlosses. Diese Diskussion hielt sogar Einzug in die Karikatur und wurde zur nationalen Expertendebatte um die Maximen eines allgemeinen Denkmalschutzes, der 1902 erstmals in Hessen als Gesetz verabschiedet und 1919 in die Weimarer Verfassung aufgenommen wurde. Schäfers weiterführende Pläne zur Wiederherstellung von Gläsernem Saalbau (S. 129) und Ottheinrichsbau (S. 132) wurden nach heftigen Protesten, die auch den bedeutenden Dresdner Kunsthistoriker Cornelius Gurlitt auf den Plan riefen und in Heidelberg die Gründung des Vereins Alt-Heidelberg bewirkten, abgelehnt. Damit war der Wiederaufbau des gesamten Schlosses gestoppt, und der konservatorische Erhalt triumphierte über den Versuch einer Rekonstruktion im Sinne des Historismus.

An den Wohnbauten des inneren Schlosses lässt sich diese Entwicklung nachzeichnen. In einiger Entfernung fällt der Blick, sobald das Brückentor durchschritten ist, direkt auf den Friedrichsbau. Puristen gilt er eher als märchenhafte Fantasierekonstruktion im Stile Neuschwansteins denn als Versuch historisch verantwortungsvoller Restaurierung vorhanden gebliebener Bausubstanz. Gleichwohl hatte dieser in seiner Wiederherstellung stark umstrittene Schlosspalast großen Einfluss auf die gesamte Baukunst des ausgehenden 19. Jh.s, wie in Heidelberg selbst zu sehen ist, etwa am ehemaligen Bankgebäude Hauptstraße / Ecke Universitätsplatz (S. 37) oder an der Fassade der Universitätsbibliothek (S. 79), die den Friedrichsbau zitieren.

Rundgang: Der **Ruprechtsbau** (10; nach Betreten des Schlosshofs linker Hand) ist das früheste erhaltene Wohnhaus im Schloss. Es wird angenommen, dass Ruprecht I. (König 1401–10) kurz nach seiner Krönung begann, hier ein repräsentatives Gebäude zu errichten – aber allein die strategisch ungünstige Stelle direkt am Haupteingang macht eine durchgehende Nutzung als solches kaum wahrscheinlich (S. 110). Dem König, der noch viel im Sattel unterwegs war, schien auch die Vollendung des hohen Chors der Heiliggeistkirche (S. 43) wichtiger zu sein als sein Königshaus, denn es war bei seinem Tod 1410 noch nicht eingewölbt. Original erhalten ist davon nur der südliche »Rittersaal«, dessen Südwestecke einen Teil der inneren Ringmauer des frühen 13. Jh.s nutzt. Die Fertigstellung aus Bruchsandstein, der verputzt und vermutlich bemalt war, datiert in die Regierungszeit seines Sohnes, des Pfalzgrafen Ludwig III. (1410–36). Die Steinfassung der beiden Obergeschosse (vormals Fachwerk), mit drei jeweils dreigliedrigen Fensterpaaren sowie einer Staffelfensterachse, ebenso der Treppenaufgang an der Rückseite, gehen auf Ludwig V. zurück (um 1534). Der **Engelskranz** über dem fast mittigen Portal (heute Kopie) wurde Madern Gerthener, dem Meister des Frankfurter Domturms, ohne viele Anhaltspunkte zugeschrieben. Um 1423 gefertigt, soll er die beiden Kinder des Baumeisters zeigen, die auf der Baustelle tragisch ums Leben gekommen waren. Auch das **Königswappen** mit Reichsadler, der die Wappen der Kurpfalz (Löwe) und der Wittelsbacher (Rauten) in den Krallen hält, stammt aus dieser Zeit. Der von einem aufrecht sitzenden Löwen bekrönte **Wappenstein** Friedrichs II. (1545) verweist auf den Namensgeber des Gebäudes sowie auf Ludwig V., der das königliche Haus erneuert hat. Der nördliche Saal, heute Treffpunkt für Schlossführungen, wurde erst 1957 rekonstruiert. Er beherbergt originale Skulpturen und ein Modell des Schlosses, das den prunkvollen Zustand vor 1689 festhält. Im Erdgeschoss

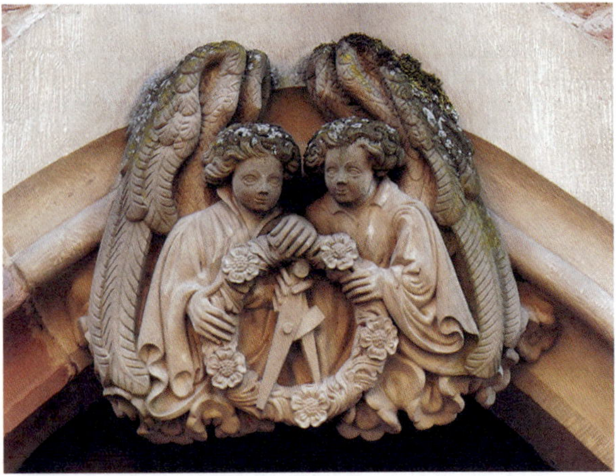

Der *Engelskranz* über dem Portal des Ruprechtsbaus (um 1423, Madern Gerthener zugeschrieben)

befindet sich ein Renaissance-Kamin als originales Ausstattungsstück: Er wurde vom Obergeschoss hierher verbracht und dient heute als historische Kamin-Attrappe.

Der anschließende sogenannte **Bibliotheksbau** (9), eigentlich Herrentafelstubenbau, ist um die ganze Tiefe seines quadratischen Grundrisses nach hinten versetzt und steht über dem ehemaligen Zwinger, wie vom Stückgarten aus gut zu sehen ist (S. 106). Er entstand unter Ludwig V. um 1520; Architekt war Lorenz Lechler. Seine Nutzung als Bibliothek ist letztlich nicht nachweisbar, auch wenn Ludwig selbst ein zwölfbändiges Werk zur Medizin verfasst hat. Daneben werden das kurfürstliche Archiv sowie die Münze hier vermutet: Die Mauerdicke von 3 m am Gebäudesockel sowie die steinernen Gewölbe legen eine Nutzung als »Tresor des Schlosses« nahe. Die Ostfassade wird dominiert von dem großen Schmuck-Erker mit drei feingliedrigen Maßfenstern, sowie einem gotischen Portal, das auf eine Galerie führte. Fast mehr noch als die Wehrbauten Ludwigs V. zeigt dieser Wohnbau die Idee, Altbewährtes im spätgotischen Ideal zu verkörpern. Er diente als Ausdruck kurfürstlicher Macht im Bewusstsein, »Königsmacher« zu sein und auf eine Tradition aufzubauen, die mit Ruprecht I. bereits einen König hervorgebracht hatte. Ludwigs Umbau der Residenz hatte daher auch repräsentativen Charakter. Die filigran anmutende Tafelstube im 2. Obergeschoss mit Blick über die vorgelagerte Festungsanlage hinweg in Neckartal und Rheinebene (der Englische Bau stand noch nicht) diente denn auch vornehmlich repräsentativen Zwecken: Der geräumige Speisesaal (lichte Höhe 6,60 m) hat eine Mittelsäule und ein gotisches Sterngewölbe sowie mehrgliedrige, maßwerkverzierte Fenster (eines ist noch in der Nordflanke zu sehen). Im 1. und 3. Stock sind zudem zwei offene Kamine und im Keller eine Küche belegt. Im Pfälzischen Erbfolgekrieg 1689–93 blieb der Bibliotheksbau zunächst verschont, wurde dann aber durch Sprengminen zerstört (vermutlich am Ende der Eroberung der Stadt 1693).

Der sich anschließende **Frauenzimmerbau** (**8**; auch »gemalter Bau«, später Bandhaus der Fassmacher; heute: Königssaal) war um 1534 fertiggestellt (Architekt: Lorenz Lechler) und bestand neben dem erhaltenen Erdgeschoss aus einem weiteren Massivgeschoss sowie einem Fachwerk-Obergeschoss mit Zwerchhäusern, das die Damen des Hofes bewohnten. Diese klagten allerdings bald über Instabilitäten, denn das Erdgeschoss bestand aus der fast 580 m² großen und 7,40 m hohen Hofstube mit nur vier steinernen Mittelpfeilern, die durchlaufende Balken zur Stütze der Decke trugen. Die Wände waren mit Erkern versehen. Originalreste zeigen außen die Sockelgeschosse der traufhohen Stand-Erker. Kunstvoll gemeißelt sind die Gewölbeaufhänger des Nord-Erkers mit Vögeln und Rosen. Der Saal war bis zur Fertigstellung von Gläsernem Saalbau (S. 129) und Ottheinrichsbau (S. 132) 1549 der Hauptfestsaal des Schlosses. Ab 1600 wurde er als Bildhauerwerkstatt genutzt. 1659 brachte Sebastiano Monchy illusionistische Architekturmalereien an der Hoffassade an, die allerdings 1689, wie der ganze Bau, ein Raub der Flammen wurden. Das heutige Walmdach stammt aus dem 18. Jh., als der Bau als Bandhaus der Küfer genutzt wurde, die die großen Fässer für den Weinkeller herstellten. Erst in den 1920er und 1930er Jahren wurde der Königssaal im Zuge der Schlossspiele holzvertäfelt im Stil pseudomittelalterlich-rustikaler Dekorationen, wie man sie auch auf der Wartburg bei Eisenach antrifft. Der Eingang vom Schlosshof und der Ausgang in den Fasskeller wurden mit Sandstein neogotisch verblendet. Der Königssaal wird heute für Konzerte und andere Veranstaltungen genutzt.

Der die Nordseite des Schlosshofs begrenzende **Friedrichsbau (22)** wurde 1601–07 unter Kurfürst Friedrich IV. nach Plänen des Straßburger Stadtbaumeisters Johannes Schoch errichtet. Dazu musste sowohl der Vorgängerbau als auch die darunter sich befindende, 1346 erstmals erwähnte Schlosskapelle bis auf die Fundamente abgetragen werden. Als einziger Schlossbau ist er mit zwei repräsentativen Schaufassaden ausgestattet, die sich mit toskanischer, dorischer und ionischer Säulenordnung an dem früher entstandenen Ottheinrichsbau (S. 132) orientieren und mit je zwei wappengeschmückten Zwerchhäusern sowie verkröpften Pilastern in acht regelmäßige Fensterachsen gegliedert sind. Die Hofseite ist außerdem mit Figurenschmuck von Sebastian Götz gestaltet, der eine ideelle Ahnengalerie des Bauherrn mit 16 Vollplastiken darstellt (zuzüglich dreier allegorischer Darstellungen), v. l. n. r.: *Karl der Große, Otto von Wittelsbach, Ludwig der Kehlheimer* und *Rudolf der Stammler* (Zwerchgiebel). Im oberen Geschoss folgen vier gekrönte Wittelsbacher: *Ludwig der Baier*, *Ruprecht I.*, *Otto von Ungarn* und *Christoph von Dänemark*. Die mittlere Etage zieren der Universitätsgründer *Ruprecht I.* sowie *Friedrich I. »der Siegreiche«*, *Friedrich II. »der Weise«* und *Ottheinrich*. Darunter schließlich die direkten Vorfahren *Friedrich III. »der Fromme«*, *Ludwig VI. »der Bärtige«* und *Johann Casimir* an sowie das Standbild des Bauherrn. Die Originalskulpturen befinden sich in verschiedenen Innenräumen des Schlosses und wurden vor Ort um 1900 durch Kopien ersetzt. Auffallend ist, dass Ludwig V. (Kurfürst 1508–44), der rührigste aller Bauherren des Schlosses, fehlt. Der Detailreichtum der Fassade setzt sich in den präzise gezeichneten fürstlichen Gewändern und Rüstungen fort oder in den Löwen, die als Symboltier der Kurpfälzer Herrscher jeweils originell gestaltet sind. Ebenso wie zahlreiche Köpfe, die die Dreiecksgiebel der Fenster zieren. Die dem Fluss zugewandte Fassade, der der Schlossaltan als Aussichtsterrasse vorgelagert ist, wurde auf Fernwirkung hin konzipiert und prägt weniger detailreich die Ansicht von der Stadtseite. Bemerkenswert ist die stilistische Stringenz beider Schauseiten, was sich aus der raschen Bauzeit des Palastes von nur ca. drei Jahren erklärt. Friedrich IV., der 1606 die weit vorliegende Bastion Friedrichsburg gründete, aus der die Stadt Mannheim hervorging, bestimmte seinen Palastbau allein zum Wohnen und zur Repräsentation, wobei auffallend ist, dass ein entsprechender Zugang fehlt: Das Gebäude ist nur durch die Wendeltreppen des Frauenzimmerbaus und des Gläsernen Saalbaus links und rechts erreichbar, wobei die Kapelle einen separaten Zugang und Abgang in die fürstlichen Wohnräume aufweist.

Friedrichs Bau erhebt sich über einer neuen **Schlosskapelle** (um 1600), der die alte weichen musste, was für den Protestanten Friedrich sicher mehr als nur symbolische Bedeutung hatte. Erstreckten sich doch seine Wohnräume nun nicht mehr über einem »pfäffischen« Gotteshaus, das unbeschadet die Brände überstanden hatte. Hinter hohen Rundbogenfenstern nimmt die Schlosskapelle beide unteren Etagen ein (Eingänge im Durchgang zum Schlossaltan bzw. am Weg zum Fasskeller). Äußerlich weist nichts auf sie hin. Die drei Joche des Innenraums sind mit Netzrippen überspannt, auf äußere, gotische Stützpfeiler wurde verzichtet: Das Gewicht des Gewölbes wird von starken Pfeilern im Innern aufgefangen. Drei Schiffe gliedern den rechteckigen Kirchenraum, der – typisch protestantisch – ohne Chor auskommt und von einer dreiseitig umlaufenden Galerie für die Herrscherfamilie in zwei Ebenen unterteilt wird. Nach dem Übergang an das katholische Fürstenhaus Pfalz-Neuburg erhielt die Kapelle einen Hochaltar von Sigismund Zeller (Hofbaumeister 1727–39) mit Skulpturen der *Apostel Petrus* und *Paulus*, einer Dreifaltigkeitsgruppe sowie dem Doppelwappen Johann Wilhelms und seiner Gemahlin Anna Maria von Medici. Das ältere Altarbild stellt die *Taufe Jesu* dar und stammt von dem Wiener Hofmaler Antonius Schoonjans, der 1711–16 Hofmaler in Düsseldorf war. Seit 1804 wird die Kapelle nicht mehr für regelmäßige Gottesdienste genutzt, ist aber bevorzugter Ort für Hochzeiten. Die Orgel ist eine moderne Kopie des Originals (Gottfried Knauth, 1767), das 1807 nach Mörlenbach verkauft wurde und dort bis heute funktionstüchtig erhalten blieb.

Der Friedrichsbau war 1693 und 1764 bis auf die Kapellengewölbe ausgebrannt. Nach Entwürfen von Carl Wilhelm Ernst Schäfer wurde die in den Außenwänden gut erhalten gebliebene Palastruine 1894–1900 im Stil des Historismus wiedererrichtet, worüber sich eine deutschlandweit sehr kontrovers geführte Diskussion entzündete, die als »Heidelberger Schlossstreit« in die Architekturgeschichte einging (S. 119). Das heutige **Schlossmuseum** im Friedrichsbau zeigt über die räumliche Gestaltung von 1900 hinaus Einrichtungsgegenstände aus der

Zeit der Renaissance (1. Obergeschoss) sowie des nachbildenden Historismus (2. Obergeschoss), die allerdings beide nicht originär mit dem hiesigen Schloss in Verbindung stehen.

Fassbau (23) und **Fasskeller** schieben sich als Gebäude von der Stadt aus gesehen zwischen Englischen Bau (S. 105) und Friedrichsbau (S. 124), wo zwei breite, spätgotische Spitzbogenfenster mit Maßwerk (1886 erneuert) ins Auge springen und einen beinahe sakralen Charakter beschwören. Deshalb wurde dieser Bau früher auch »alte Kapelle« genannt. Man erreicht den Keller vom Friedrichsbau aus. Johann Casimir, Administrator der Kurpfalz ab 1583 (der legitime Nachfolger Friedrichs IV. war erst neun Jahre alt), ließ das Gebäude um 1590 als dreistöckigen Anbau zum Frauenzimmerhaus mit Flachdach errichten, das von den Damen als Altan benutzt werden konnte. Über dem fast 10 m hohen, tonnengewölbten mittleren Fassraum (das Untergeschoss diente der schweren Artillerie) befindet sich eine Etage, die mit dem Königssaal in Verbindung steht (heute Hinterbühne) und dem Bedienungspersonal zur Verfügung stand, das den Wein durch Löcher im Boden direkt aus dem Fass pumpen konnte. Allerdings wurde vor dem reichlichen Genuss dieses Gemischs schon früh gewarnt. 1591 gab Casimir dem Landauer Küfer Michael Werner den Auftrag, ein Behältnis mit etwa 130 000 l Fassungsvermögen zu zimmern: Die Casimir'sche Reform der pfälzischen Verwaltung machte ein solches für den »Zehntwein« nötig. Zwar gab es solche Fässer auch in Stuttgart und Tübingen, doch das Heidelberger übertraf die anderen bei weitem. Und es sollte nicht bei dieser Größe bleiben: Das zweite Große Fass wurde nach dem Dreißigjährigen Krieg 1664 unter Karl Ludwig gebaut und brachte es auf rund 197 000 l. Das heutige, von Karl Theodor passgenau in den Raum gesetzte hölzerne Ungetüm mit Initialwappen wurde 1751 von Johann Jakob Englert gebaut, hat einen Tanzboden auf dem Rücken, den man über eine Treppe erreicht, und könnte 221 726 l aufnehmen – niemand weiß, ob es je wirklich voll war. Bewacht wird das Fass von **Perkeo**, dargestellt in einer kleinen Holzfigur: Diesen trinkfesten, kleinwüchsigen Gesellen, nach dem sich später ein Gasthaus (S. 92) sowie 1907 die Heidelberger Karnevalsgesellschaft benannte und auf den zahlreiche Trinklieder geschrieben wurden, brachte Karl Theodor aus Tirol mit. Auf die Frage, ob er noch einen Schoppen Wein vertragen könne, habe er stets mit »Perché no?« (ital. ›Warum nicht?‹) geantwortet, woher sein Name rührt. Um den Fassraum zu durchlüften, wurden in der Nord- und Ostwand kreisrunde Öffnungen durch Mauer und Gewölbe geschlagen, die außen jeweils im Rachen eines auf Konsolen sitzenden Löwen enden: Diese Wappentiere der kurpfälzischen Fürsten sind vom Altan aus zu sehen. Weitere mittelgroße Fässer schmücken den geräumigen Vorkeller. Vor allem das Gewölbe mit dem Großen Fass zählte von Anbeginn zu den Touristenattraktionen des Schlosses. Bereits 1608 gibt es erste Reiseberichte und Abbildungen davon, und auch Leopold Mozart und seine Kinder Wolfgang Amadeus und Maria Anna (»Nannerl«) besuchten das Schloss 1763, um die berühmte Tonne zu sehen, in der der Kurfürst die Steuer-Naturalien umliegender Weingüter sammelte.

Durch einen Zugang zwischen Friedrichs- und Gläsernem Saalbau ist der **Altan** (**24**) zu erreichen. Er hatte mit der darunterliegenden Kasematte eine doppelte Funktion als repräsentative Aussichtsplattform und effektive Verteidigungsanlage. Ihr Bau wurde von Friedrich II. 1552 begonnen, aber erst von Friedrich IV. um 1610 beendet, vor dessen Palast sie sich befindet. Mehr als 40 m lang und etwa 12 m breit, steht die Fläche, die mit einem offenen Spalt vom Friedrichsbau getrennt ist (hier endet der Obere Burgweg) und deren nördliche Ecken in zwei offenen Erkern aufgefangen werden, auf einer kreuzgratgewölbten großen Halle, durch die der Burgweg führt: eine

Falle für militärische Fußtruppen, die auf diesem Weg das Schloss zu erobern trachteten, denn dieser Raum konnte durch gegenüber positionierte Schießscharten gut verteidigt werden. Vier üppig dimensionierte Öffnungen ermöglichten daneben die Aufstellung großer Geschütze. Die Terrasse selbst überrascht durch ihre Größe genauso wie durch die betörende Sicht auf Stadt und Fluss: Hier fanden schon im frühen Barock rauschende Feste und theatralische Veranstaltungen mit Musik und Tanz statt, und heute noch dient die Plattform als beliebte Location für Empfänge oder Hochzeiten. Ein Touristenmagnet ist der sogenannte **Rittersprung**, eine natürliche Auswaschung in einer der Sandsteinplatten, die einem Fußabdruck ähnelt. Der Legende nach stammt er von einem Ritter, der aus einem Fenster des Friedrichsbaus sprang, nachdem seine heimliche Liebschaft entdeckt worden war. Andere wollten Friedrich IV. (Kurfürst 1583–1610) selbst springen wissen – er war dem Wein sehr zugetan, und seine ausgelassenen Feste bildeten Stoff für zahlreiche Legenden.

Der **Gläserne Saalbau** (**25**) ist benannt nach einem schmalen Festsaal im Obergeschoss, der mit kostbarem venezianischem Spiegelglas nebst anderen Wanddekorationen ausgekleidet war. Der Palast entstand um 1549 und gilt als frühester Renaissance-Bau im Heidelberger Schloss. Ein vermutlich noch romanischer Vorgängerbau musste dafür abgetragen werden; ein an der Nordwestwand freigelegtes frühgotisches **Drillingsfenster** lässt auf eine repräsentative Bebauung dieses Terrains in der ersten Hälfte des 13. Jh.s sicher schließen. Friedrich II. (Kurfürst 1544–56), Bruder von Ludwig V. und bereits 60-jährig, als ihm die Kurwürde übertragen wurde, hatte Renaissance und Spiegelglas in Venedig kennengelernt. Sein Wappen über der Mittelsäule der Erdgeschossarkade zeigt neben dem Pfälzer Löwen und den Wittelsbacher »Wecken« erstmals im Schloss den Reichsapfel. Es ist geschmückt mit den Anfangsbuchstaben seines Wahlspruchs »D(e) C(aelo) V(ictoria)« (lat. ›Der Sieg [kommt] vom Himmel‹), den sich der Kurfürst in den Türkenkriegen zulegte. Die halbierten Wappenschilde links (mit Kurhut) und rechts (Wappen von Friedrichs Gemahlin Dorothea, geb. Königin von Dänemark) deuten möglicherweise auf eine resolute architektonische Planänderung hin: Wir müssen uns den ursprünglichen »Saalbau« zunächst ohne den Ottheinrichsbau direkt daneben vorstellen, also etwa doppelt so lang nach Osten hin, wo seine Stirnwand mit Erker auf der fast 5 m dicken Wehrmauer aufliegt. Der oktogonale Treppenaufstieg, der heute das Scharnier zum Ottheinrichsbau bildet, läge dann mittig, und die dreigeschossigen Arkaden würden weniger gedrängt wirken. Doch der Ottheinrichsbau scheint bei der Entstehung dieses Gebäudes auf dem Papier bereits existiert zu haben, denn die weiterführende Wand rechts vom Treppenturm, die der Palast des Nachfolgers nun verdeckt, ist völlig schmucklos. Das linkerhand giebelständige Torhaus, das einen Durchgang zur Nordflanke enthielt (heute Souvenirladen), verstärkt den gedrängten Eindruck. Die Arkaden zogen trotzdem den Blick in diese Ecke des Schlosshofs, denn wenn Rundbogenarkaden im deutschsprachigen Raum auch kein Novum mehr waren, so waren doch übereinanderliegende Arkadengeschosse zu Baubeginn noch selten. Nur Friedrichs Neffe Ottheinrich hatte bereits 20 Jahre zuvor in Neuburg an der Donau damit experimentiert. Friedrich II. war bestrebt, den italienischen Stil in seiner Residenz zu etablieren, wobei die relative Neuheit dieser Architektur daran abzulesen ist, dass sie stilistisch noch recht unbeholfen wirkt. Nicht nur, dass der vorspringende Querbau mit Stufengiebel gotische Züge trägt, auch die Arkaden selbst stehen mit ihren wuchtig kannelierten Säulen nicht auf dem Boden, sondern auf der Brüstung, was die Hausfront trotz reliefierter toskanischer Kapitelle schwerfällig, man könnte auch sagen: typisch deutsch macht.

Das Erdgeschoss trägt die Last der darüberliegenden Etagen mit einer starken Mittelsäule auf doppelt weiten Bögen. Schon früh sprach man hier von »völliger Unsicherheit in der neuen Formensprache« (so Adolf von Oechelhäuser 1913). Renaissance-Motive finden sich dennoch, etwa in Delfinen, Putten und Sirenen auf den Treppengiebeln des Querbaus. Die der Stadt zugewandte Rückseite des Saalbaus zeigt Spuren eines eingreifenden Umbaus im 17. Jh., wie sich an den nun großen, rundbogigen Barockfenstern sowie einem mächtigen Strebepfeiler für die dadurch instabil gewordene Wand zeigt.

Der **Spiegelsaal** im 2. Obergeschoss war von Anfang an das Highlight dieses Baus. Der Raum ist sehr schmal und fast dreimal so lang wie breit. Durch die Verspiegelung sollte er größer wirken. Die Herstellung von plan reflektierendem Glas war allerdings um die Mitte des 16. Jh.s noch ein streng gehütetes Geheimnis der Insel Murano, wohin alle Glasöfen der venezianischen Republik nach verheerenden Bränden schon im 13. Jh. verbannt worden waren und wo sich die Spezialisten der Herstellung konzentrierten. Lange gab es außerhalb dieser Insel niemanden, der solche Spiegel hätte qualitätvoll herstellen können. Erst der französische König Ludwig XIV. warb im Jahr 1684 20 Handwerker für seine »Spiegelgalerie« in Versailles von der Insel ab – für Unsummen. Man kann sich denken, welche Kosten mehr als 100 Jahre zuvor aufgewendet werden mussten, um auch nur einen relativ kleinen Saal mit solchen Spiegeln auszustatten, die nicht selten in Butter verpackt über die Alpen transportiert wurden. Das Juwel dieses Baus lag also, trotz der neuartigen Fassade, im Innern – wurde aber 1764 durch Brand nach Blitzschlag vollkommen zerstört.

Erst 2018–20 konnte das Gebäude wieder zugänglich gemacht werden. Der **Innenausbau** mit moderner Stahlkonstruktion und Glasdach auf halber Wandhöhe ermöglicht nun nicht nur einen barrierefreien Zugang zum Ottheinrichsbau, sondern schuf einen Veranstaltungsort mit Kunstwerken von Jürgen Goertz, der die Geschichte dieses Baus reflektiert, auch mit – allerdings metallenen – Spiegeln sowie mit 24 individuell gestalteten, in Eisen gegossenen Porträtköpfen auf den Konsolen der Dachkonstruktion (u. a. *Papst Johannes Paul II., Mutter Albrecht Dürers, Sitting Bull*). Im **Querbau**, dessen Außenfassade zum Hof eine Sonnenuhr ziert, wurde das **Zimmer Graf von Graimbergs** wiederhergestellt – der Sammler und Dokumentarist bewohnte es 1811–23, um die Ruinen des Schlosses zu studieren und vor Plünderungen zu schützen. Es enthält moderne Nachbauten seiner Möbel sowie ein Porträt in Öl (Guido Philipp Schmitt, 1902; Original im Kurpfälzischen Museum) und Stiche nach Graimberg-Motiven aus der Werkstatt des Hofkupferstechers Christian Haldenwang (1770–1831).

♦ Der sich rechtwinklig anschließende **Ottheinrichsbau** (**26**) machte wegen seiner enormen Größe einen Teilabbruch in der Südostecke des Schlosshofs (Ludwigsbau) nötig. Auch sein Erbauer, Ottheinrich (Kurfürst 1556–59), brachte architektonische Reiseeindrücke aus Italien mit in die Kurpfalz. In Neuburg an der Donau hatte er bereits im Stil der Renaissance bauen lassen, und in Heidelberg begann er sofort nach Beginn seiner Herrschaft – die nur drei Jahre währte – damit, umfangreiche Pläne zu realisieren. In »Warteposition« hatte er bereits seit 1544 in Heidelberg gewohnt (zeitweilig auch in Weinheim) und kannte Stadt und Schloss sehr gut. Der Platz zwischen Saalbau und Ludwigsbau war ihm wohl früh zugestanden worden, und der konkrete Plan zu seinem 31,50 m langen Palast scheint bereits vorgelegen zu haben, als er nach dem Tod seines Onkels Friedrich II. das Kurfürstenamt übernahm. Als Architekt wird der in Amberg tätige Heinrich Gut vermutet, auch Jacob Heider und Kaspar Fischer werden als Werkmeister genannt. Ein monumentaler Sockel hebt das Bauwerk, das rückseitig auf der östlichen Wehrmauer ruht, im nach Norden

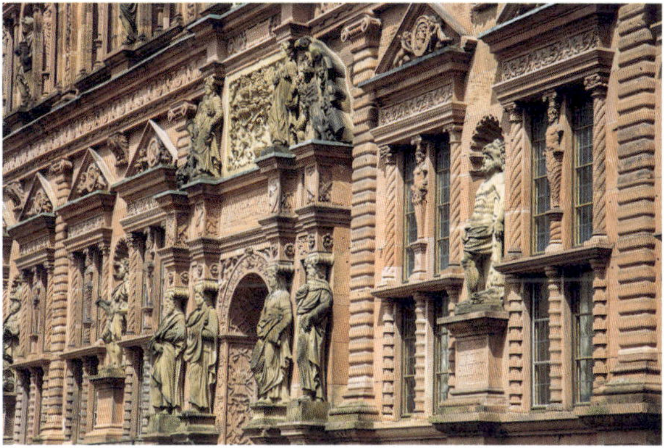

Reicher Figurenschmuck ziert den Ottheinrichsbau (ab 1556) an seiner Hofseite (Westfassade).

hin stark abfallenden Gelände auf stattliche 4 m Höhe. Dort schließt der Bau an den Treppenturm des Gläsernen Saalbaus an. Im Süden sitzt er auf den Bruchsteinfundamenten des Ludwigsbaus, dessen vordem ebenfalls mittiger Treppenturm nun die rechte Flanke bildet: Beide seitlichen Wendeltreppen waren die einzigen Zugänge in die oberen Geschosse, da das Gebäude sonst kein Stiegenhaus aufweist. Dies macht wahrscheinlich, dass der zuletzt an starker Fettleibigkeit leidende Kurfürst die oberen Stockwerke seines Baus nie selbst hätte betreten können, da er in einer Sänfte getragen werden musste. Er starb aber vor Vollendung des Palasts.

Die berühmte **Westfassade** gliedert sich als erste programmatische Schauseite zum Hof hin in drei unterschiedlich hohe Geschosse mit jeweils zehn Doppelfenstern, die wiederum durch Pilaster bzw. Halbsäulen paarweise gruppiert sind. Dazwischen reihen sich Skulpturen ein, die übereinander angeordnet sind. Das mittige Portal nimmt, mit vorgebautem doppelläufigen Treppenaufgang, den Raum zweier Doppelfenster ein. Die klassisch-antike, im Detail allerdings nicht konsequente Säulenordnung sowie die skulpturale Ausschmückung der Fassade waren nicht nur für den rund 50 Jahre später entstehenden Friedrichsbau wegweisend (S. 124), sondern wirkten am ersten Kolossalbau der Frührenaissance nördlich der Alpen im ganzen deutschen Raum nach. Das christlich-humanistische Figurenprogramm wird heute als »demonstrative Machtarchitektur« und »in der deutschen Kunstgeschichte singuläres« Baudenkmal eingestuft. Italienische Vorbilder dominieren, niederländisch-flämische sowie französische Einflüsse sind aber ebenso nachweisbar: Ottheinrich kannte sie aus eigener Anschauung oder von zeitgenössischen Darstellungen, und so nimmt es kaum wunder, dass der Plan zur Fassade von ihm selbst stammen soll (auch die einzige erhaltene Skizze der Oberen Burg soll von ihm stammen): Die 16 allegorischen Standbilder (Originale im Innern) sind neben den vier Portalplastiken dem Figurenarsenal des Alten Testaments und der römisch-antiken Götterwelt entnommen. Auch wenn die Etagen unterschiedlich hoch sind, sind die Vollplastiken in den Muschelnischen alle gleich groß – sie wirken also im Vergleich größer, je höher sie angeordnet sind. Das **Parterre** ist am prächtigsten ausgestattet: Die Mittelpfosten der Fenster sind mit Hermen geschmückt, die Luken selbst mit Dreiecksgiebeln überkrönt. Die Standbilder stehen auf hohen Sockeln, die eingravierten – recht unbeholfenen – Verse umschreiben die Dargestellten. Es sind Arbeiten des flämischen Bildhauers Alexander Colin: Im Einzelnen handelt es sich um die mythischen Helden *Joshua* (mit Helm), *Samson* (mit Eselskinnlade), *Herkules* (mit Keule) und *David* (mit Schwert, Schleuder und Goliaths Haupt). Sie symbolisieren Kraft und Stärke. Das Portal, ein reich verzierter Rundbogendurchgang, stützen vier qualitätvoll gestaltete Atlanten mit fließenden Gewändern, über denen sich der detailreiche Torgiebel mit drei weiteren Figuren erhebt, bekrönt von der Göttin der Liebe mit zwei Kindern auf den Armen: dem kinderlosen Kurfürsten, der in einem gemeißelten Medaillon direkt darunter schön gezeichnet ist, sicher eine (unerfüllte) Herzenssache, denn mit ihm starb die altpfälzische Linie aus. Die Fenstergiebel des Erdgeschosses sind mit Porträts berühmter Römer geschmückt, die von musizierenden Putten umschwärmt werden. Die **Etage darüber** versammelt fünf christliche Herrschertugenden: *Stärke* (mit zerbrochener Säule), *Glaube* (mit Bibel), die *Liebe* als Spitze des Portals, *Hoffnung* (auf einen Anker gestützt) und *Gerechtigkeit* (mit Schwert und Waage). Das **oberste Geschoss** nimmt das System der damals bekannten Welt auf und präsentiert die nach ptolemäischem Verständnis als »Planeten« bezeichneten Gestirne mit den antiken Gottheiten *Saturn* (ein Kind fressend), *Mars* (als Krieger), *Venus* (mit Amor), *Merkur* (mit Flügelhelm und Flügelschuhen) sowie Diana als *Luna* (mit Mondsichel). Auf dem Sims der Fassade und Resten zweier später hinzugefügter und wieder entfernter Zwerchhäuser stehen als oberste Gottheiten des klassischen Altertums die *Sonne* (mit Strahlenkranz, links) und *Jupiter*, dem der Blitz abhandengekommen ist; zu seinen Füßen sitzt ein Adler. Dieses Figurenprogramm spiegelt nicht nur Ottheinrichs Weltbild und seine umfassende humanistische Bildung (seine bedeutende Büchersammlung bildete den Grundstock der Biblioteca Palatina; s. S. 44, 83), sondern auch sein Selbstverständnis als Herrscher, der auf die christlichen Tugenden baut, die in Tatkraft gründen, und der mit Hilfe himmlischer Mächte im Auftrag der Höchsten handelt. Es machte auch deutlich, dass die mittelalterliche Weltsicht endgültig vorbei und damit das Zeitalter der Gotik überwunden war. Diese Art der Re-Formation im Sinne der Renaissance führte Ottheinrich auch als Veränderung des Glaubens in der Kurpfalz ein: Mit ihm wurde der Protestantismus zur Staatsreligion.

Sein Nachfolger Friedrich III. »der Fromme« vollendete den Palast, obwohl er pompöse Hofhaltung in jeder Form verabscheute. 1693 beschädigt und 1764 ausgebrannt, wurde der Ottheinrichsbau im 20. Jh. im Erdgeschoss wieder überdacht, so dass der seit dem Besuch Maximilians II. 1570 so genannte **Kaisersaal** und andere Räumlichkeiten wieder zugänglich sind. Im Untergeschoss ist seit 1958 das **Deutsche Apothekenmuseum** beheimatet, das eine bedeutende Sammlung von Arzneimitteln aus zwei Jahrtausenden, pharmazeutische Geräte und mancherlei Kuriositäten früher Medizin beherbergt. Die Geschichte der Pharmakologie wird auch anhand originaler historischer Apothekenausstattungen nachvollziehbar.

Der **Ludwigsbau** (**27**) war einst doppelt so lang. Der ihn nun im Norden beschließende achteckige Treppenturm stand ursprünglich in der Mitte des Gebäudes, das Kurfürst Ludwig V. 1524 auf dem Vorgängermauerwerk aufsetzte, so dass hier Abschnitte der inneren, östlichen Wallmauer und einer Südwand aus dem 13. Jh. erhalten sind. Ein Wappen über dem Treppenportal nennt Bauherr und Jahr; darunter sind zwei Affen beim »Strangkatzenziehen« zu sehen, einem selten dargestellten, zeitgenössischen Wettspiel. Nach Blitzschlag 1764 brannte der äußerlich schmucklose Palast aus, 1912–17 wurden Teile mit Betonstreben experimentell gesichert. Da in diesem Bereich das Quellwasser vom Berg herabkommt, lag es nahe, den im rechten Winkel angrenzenden **Versorgungstrakt** (**28**) des Schlosses an dieser Stelle zu etablieren. Eine archäologisch nachgewiesene Herdstelle aus dem 14./15. Jh. verweist auf eine lange Nutzungstradition in diesem Sinne. Zusammen mit dem sich anschließenden **Soldatenbau** (**29**), in dem eine Garnison von etwa 50 Mann einquartiert war, bilden diese ebenfalls auf Ludwig V. (Kurfürst

1508–44) zurückgehenden Zweckbauten die Südseite des Hofs bis hin zum Brunnenhaus. Sie beherbergen heute das Schlossrestaurant im Obergeschoss. Zur Sicherung der Südflanke ließ Ludwig V. die dahinterliegende Außenmauer durch einen ca. 7 m starken Batteriewall verstärken, der eine Höhe von 23 m erreicht.

Die **Brunnenhalle** (30) in Form einer italienischen Loggia ist mit quadratischem Grundriss das filigranste Bauwerk im Schloss. Es schiebt sich leicht vor die Häuserlinie der Südseite und steht als Blickfang beim Eintritt in den Schlosshof im krassen Gegensatz zu den mächtigen Verteidigungsanlagen, die man außen wahrgenommen hat. Der gotische Baldachin mit Kreuzgratgewölbe, über dem sich eine Wohnstube befindet, fußt auf vier freistehenden, grauen Granitsäulen und zwei Halbsäulen, die römischen Ursprungs sein sollen und nach Merians Auskunft aus der Kaiserpfalz Karls des Großen in Ingelheim stammen. Auch wenn dies möglicherweise Legende ist, so ist doch die Symbolik deutlich: »Eine noblere Herkunft als die Abstammung von Karl dem Großen war in der Reihe der Deutschen Könige nicht zu finden«, resümiert der Historiker Heiko P. Wacker. Ludwig V. (Kurfürst 1508–44) und sein Architekt Lorenz Lechler setzten dieses grazile Schmuckstück bewusst an diese Stelle gegenüber dem königlichen Ruprechtsbau. Der Ziehbrunnen erreichte eine Tiefe von 16 m und war vermutlich schon vor 1508 an dieser Stelle. Nicht weit davon entfernt ist der große **Schlossbrunnen** im 17. Jh. als römische Fontäne errichtet worden.

Auf dem Königstuhl

(Für die folgenden Objekte s. die Übersichtskarte.)

An der Gipfelstation der Bergbahn (S. 102) befindet sich ein gastronomischer Betrieb. Nahebei liegen Fernseh- und Fernmeldeturm (beide erbaut 1958; die Aussichtsplattform ist seit

2002 gesperrt), das Märchenparadies (eine Attraktion für Kinder seit 1972), eine Falknerei sowie das »Hotel Königstuhl«. Anstelle des heutigen »Berggasthof Königstuhl« des Hamburger Investors Wolfgang Scheidtweiler (2014–20) stand von 1864 bis zu seiner Schließung 2010 das Hotel, in dem Mark Twain 1878 residierte. Von hier aus sind kleinere und größere Wanderungen möglich, etwa zur **Kohlhof-Siedlung** (ca. 2,5 km Fußweg), wo mehrere Künstler ihre Ateliers hatten und haben, zum **Ehrenfriedhof** für die Gefallenen der Weltkriege (ca. 4 km) oder zum **Haus der Astronomie** mit der **Landessternwarte** (ca. 1 km). Die 1898 eröffnete Großherzogliche Bergsternwarte der Astronomen Max Wolf und Karl Wilhelm Valentiner übernahm z. T. Instrumente der 1774 gegründeten Kurfürstlichen Sternwarte Mannheim, die bis 1880 in Betrieb war. Hauptarbeitsfeld des Heidelberger Observatoriums war die Untersuchung kosmischer Gasnebel und die Auffindung von Kleinplaneten, von denen Max Wolfs Team mit Hilfe fotografischer Platten über 800 entdeckte. Die Landessternwarte umfasst auch ein Besucherzentrum des Max-Planck-Instituts für Astronomie (MPIA), das 2011 in Form einer Spiralgalaxie von der Darmstädter Architektengruppe Bernhard + Partner erbaut wurde und zahlreiche Veranstaltungen anbietet. Seinen Kern bildet das Auditorium (Kuppeldurchmesser 12 m, 100 Sitzplätze) mit einem digitalen Ganzkuppelprojektionssystem der Firma Carl Zeiss, das ein 360-×-180-Grad-Bild erzeugt.

Ebenfalls auf dem Königstuhl angesiedelt ist das European Molecular Biology Laboratory (**EMBL**), dessen Hauptgebäude von 2010 architektonisch einer DNA-Doppelhelix nachempfunden ist. Das Auditorium fasst 500 Sitzplätze. Der EMBL-Campus in Heidelberg ist einer von sechs Standorten der 1974 gegründeten Organisation, die von mehr als 20 Mitgliedsstaaten weltweit unterstützt wird.

Die Heidelberger Stadtteile

(Für die Objekte in diesem Kapitel s. – sofern nicht anders angegeben – die Übersichtskarte bzw. die Adressangaben.)

Nördlich des Neckars: Neuenheim, Handschuhsheim und Heiligenberg

Vom Bismarckplatz erreicht man über die Theodor-Heuss-Brücke die nördlichen Stadtteile **Neuenheim** (ab S. 141) und **Handschuhsheim** (ab S. 143) jenseits des Neckars. Sie wurden 1891 bzw. 1903 eingemeindet und sind im *Lorscher Codex* bereits für das Jahr 765 erwähnt – und damit früher als die Heidelberger Kernstadt. Neuenheim geht gar auf ein Römerlager zurück, das die erste Flussquerung sicherte. Eine seither durchgehende Besiedlung ist nicht verbürgt, doch merowingische Grabfelder belegen diese ab dem 6. Jh. Bildete die frühe Ansammlung von Höfen hier lange keinen Dorfcharakter aus, so ist ein Siedlungskern in Handschuhsheim am Mühlbach früh dokumentiert. Er diente der Versorgung der Klöster auf dem Heiligenberg (S. 146). Mühlengewerbe und Weinanbau waren die Einnahmequellen, während sich Neuenheim auf den Flussübergang konzentrierte, der lange mit Fähren bewerkstelligt werden musste. Besitzungen der Klöster Lorsch, Neuburg, Schönau und Lobenfeld prägten beide Dörfer. Mittelalterliche Baureste sind jedoch aufgrund mehrfacher Zerstörungen in Neuenheim kaum, in Handschuhsheim mit der Tiefburg (S. 144) und der Vituskirche (S. 143) nur teilweise erhalten. Im 19. Jh. werteten städtischer Wohnungsbau und – entlang der Berghänge – zahlreiche Villen beide Dörfer auf: Eine Verordnung von 1893 schrieb für die Kernbereiche in Neuenheim eine architektonisch geschlossene Bauweise vor –

drei- bis vier Vollgeschosse sind hier die Regel. Dieser mittelständischen Bebauung folgten 1926–28 in den Außenbezirken komfortabel ausgestattete Häuser im Landhausstil der gemeinnützigen Baugenossenschaft Neu Heidelberg, während die wohlhabende Klientel entlang des Berghangs sowie am Neckar zahlreiche Stadtvillen, meist im Stil des Historismus, bevorzugte.

In Handschuhsheim zeigt sich die Urbanisierung in der Blockrandbebauung zwischen Steubenstraße und Handschuhsheimer Landstraße, die eine oft qualitätvolle Fassadengestaltung mit Stilelementen des Jugendstils aufweist. Der Wohnungsnot der 1920er Jahre begegnete man mit Siedlungsbauten und Reihenhäusern, etwa in der Mühlingstraße (»Blaue Heimat«; zum sehenswerten Museum s. S. 176). Repräsentativeres Bauen wurde entlang der Berge verwirklicht (ab 1898). Als Höhepunkt dieser Architektur gilt die von großem Landschaftsgarten umgebene Villa des Mediziners Ludolf von Krehl (Architekt: Friedrich Ostendorf, 1911–13; Bergstraße 106) im Stil der italienischen Renaissance, die mit Zusatzgebäuden weitgehend erhalten ist.

Die Klassische Moderne im Stil von Bauhaus oder Neuem Bauen ist in Heidelberg selten anzutreffen. Wenig Original-Architektur findet sich hier: Erhalten sind in Neuenheim das Haus Gothein (1927, Im Gabelacker 13) des Gropius-Schülers Hans Krebs, die Villa Bergius (1927; Albert-Ueberle-Straße 5) des Chemie-Nobelpreisträgers Friedrich Bergius – sie schuf der Essener Architekt Edmund Köhler aus Vorgängerbauten – oder die Villa Freudenberg (Posseltstraße 1). In Handschuhsheim ist das »Weiße Haus« in der Heiligenbergstraße 6–8 einen Blick wert (S. 146).

Heute zählen die nördlichen Stadtteile zu den bevölkerungsreichsten Heidelbergs – mit den Baugebieten Im Neuenheimer Feld (Universitätskliniken und -Institute) und Im

Handschuhsheimer Feld (Technologiepark, Sportzentrum) haben sie sich nach 1945 stark entwickelt. Hervorgehoben seien hier das Hörsaalgebäude des Chemischen Instituts (INF 252) von 1959–62 mit 25 m breitem Materialbild von Karl Fred Dahmen für die große Halle, einem Hauptwerk des deutschen Informel. 1965–69 entstand das Südostasien-Institut (INF 330) nach Entwurf von Carlfried Mutschler und Joachim Langner, 1973–75 die Mensa mit gestaltetem Außenbereich.

Einige Objekte in den beiden Ortsteilen seien im Folgenden genauer vorgestellt:

Den historischen **Ortskern Neuenheims** bildet der **Marktplatz** (I A1) auf dem Gelände des ehemaligen Kirchhofs um die erste Kirche (1137 erwähnt). Diese ist nur als Fragment erhalten. Der trutzige Turm zeigt ein gestaffeltes Dreierfenster und ist dem 14. Jh. zuzurechnen; ein Umbau erfolgte im frühen 16. Jh. Im Innern des erhaltenen Chorbaus ist heute eine Kreuzigungsgruppe von 1767 zu sehen, die aus der Peterskirche (S. 174) stammt.

Die evangelische **Johanneskirche** (1899–1902, I A1) von Hermann Behaghel akzentuiert als neugotisches Bauwerk die Handschuhsheimer Landstraße mit einem markanten, 55 m hohen, vorgelagerten Turm. Der Innenraum überrascht auf dem Grundriss eines griechischen Kreuzes als Zentralbau mit von Kreuzrippen überspanntem Predigtraum. Von der ursprünglichen Ausmalung hat sich nach einer Renovierung 1957 nur die *Bergpredigt* über dem mittigen Altar erhalten. Interessant ist der Vergleich dieses protestantischen Kirchenraums mit den vom gleichen Architekten entworfenen Lösungen in Handschuhsheim (Friedenskirche, S. 146) sowie der ebenfalls von Behaghel vorgenommenen Umgestaltung der Peterskirche (S. 174).

Die nahe Kirche **St. Raphael** (Werderstraße 49) entstand als katholische Pfarrkirche nach Plänen des Erzbischöflichen Bauinspektors Ludwig Maier 1903–05 als dreischiffige Basilika im neoromanischen Stil und orientierte sich – anders als die ebenfalls von Maier entworfene Kirche St. Bonifatius in der Weststadt (S. 163) – an italienischen Beispielen. Die reich gestaltete Schmuckfassade erinnert an toskanische Kirchen: Hellgelbe Klinker und dunklerer Naturstein für Gewände, Sockel, Kapitelle und Traufgesimse sowie roter Sandstein für die Säulen setzen auf Fernwirkung. Hohe Pilaster gliedern die Fassade. Eine Kreuzigungsgruppe bekrönt sie, und die Blendarkaden über dem Portalgeschoss sind mit pseudo-byzantinischen Mosaiken hinterlegt. Weiterer Figurenschmuck sowie Reliefporträts der Evangelisten zieren diese ungewöhnlich detailreiche Schauseite, die entgegen der üblichen Kirchenarchitektur nach Osten zeigt. Ein Vorgarten verstärkt die mediterrane Atmosphäre. Die westliche Apsis ist außen polygonal, innen halbrund gebaut, weshalb nicht alle Fenster von Tageslicht durchleuchtet werden. Der schlanke »venezianische« Turm fügt sich südlich, die Sakristei nördlich an den Chor. Im Innern wurden originale Bemalungen bei der Renovierung 1951 bis auf wenige Reste entfernt. Eine Neuordnung des Chorraums nach den Vorgaben des Zweiten Vatikanischen Konzils wurde 1967/68 nötig, wobei der Hochaltar entfernt wurde. Eine umfassende Renovierung und Neugestaltung der Flachdecke in Lapislazuliblau erfolgte 2003. Von der Ausstattung sind die fast lebensgroße Mondsichelmadonna aus dem späten 15. Jh., die Orgel von Egbert Pfaff (1966) sowie das Altar-Bildrelief des Priesters und Künstlers Udo Körner bemerkenswert, das mit *Schrei und Wolke* betitelt ist und als moderner Blickfang die Apsis füllt (1995). Im südlichen Seitenschiff ist die Spur einer Brandbombe aus dem Zweiten Weltkrieg dokumentiert, die die meisten Fenster der Südseite zerstörte.

Am nördlichen Neckarufer entlang der **Ziegelhäuser Landstraße** (I C/D1) befinden sich mehrere bemerkenswerte Villen, die um 1900 erbaut wurden, die meisten davon im Stil des Historismus; unter ihnen befinden sich aber auch ältere Anwesen. Bedeutung hat Haus **Nr. 17**, das 1847–49 für den preußischen Finanzrat Professor Georg Friedrich Fallenstein entstand: Der elegant gegliederte Bau mit zwei Loggien und Freitreppe, der von einem großen Garten umgeben ist, wurde ab 1911 von dem Nationalökonomen und Philosophen Max Weber und seiner Frau Marianne bewohnt. Nach dem Tod ihres Mannes 1920 in München kehrte die Autorin und Frauenrechtlerin hierher zurück und pflegte bis 1954 gelehrte Geselligkeit mit berühmten Gästen: Gustav Radbruch, Karl Jaspers, Georg Lukács, Ernst Bloch und Friedrich Gundolf kamen zum Jour fixe. Heute beherbergt das Haus das **Internationale Studienzentrum**. Ein berühmtes Gemälde von Georg Saal zeigt den Blick auf *Heidelberg bei Mondschein* (1851) vom Balkon dieses Hauses aus. Die Villa **Nr. 15**, 1903 im italienischen Renaissance-Stil erbaut von Philipp Jelmoli, war Drehort der TV-Serie *Hotel Heidelberg*. Die älteste Villa dieses Abschnitts ist die **Nr. 1** an der Alten Brücke: ein 1811–13 erbautes, charakteristisches Landhaus im Zeitstil der frühen Romantik; die Inschrift »1731« wurde zweitverwendet.

Etwas weiter westlich liegt die **Villa des Heidelberger Malers Oskar Schepp** (Neuenheimer Landstraße 36, I B1–2), die 1875 von Peter Vogel im Stil eines französischen Landschlösschens erbaut wurde.

Das **Handschuhsheimer Ortszentrum** lag einst bei der Tiefburg und zog sich das Mühltal hinauf.

Die **Vituskirche** (Steubenstraße 70) ist die älteste in großen Teilen erhaltene Kirche Heidelbergs. Der Bau gründet in einer Saalkirche mit quadratischem Turm des Lorscher Abts Arnold von 1053–57. Um 1200 wurde diese zur dreischiffigen Basilika erweitert, 1483 folgte ein größerer Umbau und Neubau des Chores mit 5/8-Schluss und Maßwerkfenstern sowie

Netzrippengewölbe (heute Taufkapelle). Franz Sales Kuhn gestaltete die Kirche 1933–34 mit modernem Erweiterungsbau um, der mit einer Flachdecke abschließt. 1960–72 und 1980 kam es erneut zur Umgestaltung. Der Eingang führt heute ins ehemals romanische Südseitenschiff, dessen Fresken aus der ersten Hälfte des 15. Jh.s stammen und 1911 freigelegt wurden. Sie zeigen die *Passion Christi*. Die Wandmalereien der südlichen Fensterlaibungen stellen Heilige dar. Erhalten sind darüber hinaus hervorragende mittelalterliche Grabmäler in der gotischen Taufkapelle; spätere Epitaphe sind dem Leonberger Bildhauer Jeremias Schwartz (1570–1621) zugeschrieben worden.

Das **Graham-Schlösschen** mit Park war Adelssitz und ist durch Baulichkeiten des 17.–19. Jh.s geprägt. Die Anlage geht allerdings bis ins Mittelalter zurück und war im 15. Jh. Sitz der Familie von Knebel. Der Landschaftsmaler Carl Rottmann wurde hier 1797 geboren. 1861 erwarb Johann Benjamin Graham das Gut. 1916 ging es in städtischen Besitz über.

Die quadratische, von einem 12 m breiten Wassergraben umgebene, zinnenbewehrte **Tiefburg** (Dossenheimer Landstraße 6) wurde als Stammsitz der Herren von Handschuhsheim im 13. Jh. errichtet und ging 1624 an das Geschlecht derer von Helmstatt über. Die Außenmauer aus Bruchsandstein umfasst eine Fläche von ca. 30 × 30 m, ist von einem Rundbogenfries unterhalb der Zinnen umgeben und von mehreren Fensteröffnungen bzw. Balkonen durchbrochen. Im 17. Jh. nahezu vollständig zerstört, wurde die Burg erst 1911–13 von Raban Graf von Helmstatt umfassend restauriert und rekonstruiert. Der Haupteingang an der Südseite erfolgt über eine steinerne Brücke. Im Innern wurden das Herrenhaus mit großem Saal und der Wohnturm wiedererrichtet. Vom Palas an der Ostseite ist nur der Gewölbekeller erhalten, vom Kemenatenbau an der Südseite zeugen zwei Balkone. Ein turmartiger An-

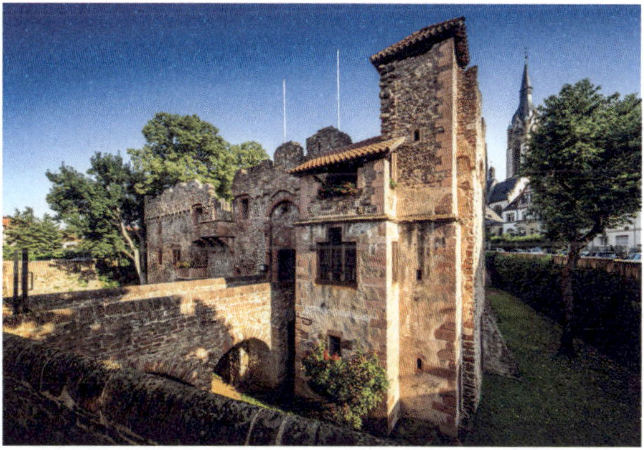

Die Tiefburg in Handschuhsheim (ab 13. Jh.)

bau in der Südostecke steht im Erdgeschoss auf einer Kapelle, von der Konsolensteine und Bodenfliesen aus der Spätgotik erhalten sind. In einer Zwischenwand wurde hier 1770 ein menschliches Skelett in stehender Rüstung entdeckt, der Sage nach ein zur Strafe eingemauerter Ritter, der ein verbotenes Verhältnis mit einer Dame aus Hirschhorn gehabt haben soll. Die Rüstung kam über Karl Theodor (Kurfürst 1742–99) nach München, ist heute aber verschollen. Wappensteine mit Handschuh als Zeichen der Herren von Handschuhsheim sowie der Datierung 1544 an den Außenmauern belegen eine größere Umbauphase. Reste des Mauerrings der Vorburg finden sich entlang der Dossenheimer Landstraße, der Mühltalstraße und der Bäumengasse. 1950 ging die Tiefburg in städtischen Besitz über; heute ist sie Sitz des Stadtteilvereins Handschuhsheim.

Die oberhalb gelegene **Friedenskirche** (An der Tiefburg 10) hat Oberbaurat Hermann Behaghel (bereits 70-jährig) 1908–11 in frei verwendeten Formen des Späthistorismus und Jugendstils erbaut. Dabei scheint die Eingangsseite mit mehrfach gestaffelten Turmansätzen Bezug auf die Burgenarchitektur zu nehmen. 1960 und 2012 wurde der Innenraum umgestaltet. Auf dem Grundriss des griechischen Kreuzes findet sich zentral der Predigtraum mit Orgel über dem Altar. Bemerkenswert sind erhaltene Glasfenster mit Porträts und Themen der Reformationsgeschichte (Werkstatt Heinrich Beiler, Mitte 19. Jh.).

Die **Mühltalstraße** war, wie der Name verrät, gesäumt von zahlreichen Mühlen und bildete das wirtschaftliche Zentrum des Dorfes in engem Kontakt mit den Klöstern auf dem Heiligenberg, wohin diese Straße führt. Zu Beginn finden sich hier traditionsreiche Gasthäuser wie das »Alt Hendesse« (mundartlich für Handschuhsheim), an die sich bäuerliche Gehöfte und Handwerkerhäuser anschließen, oft auf älteren Gewölben erbaut. Mühlen waren hier entlang des Baches seit dem 13. Jh. ansässig, ebenso öffentliche Badehäuser. Die **»Herrenmühle«** (**Nr. 67**) war bis 1902 in Betrieb, wurde allerdings schon im 19. Jh. modernisiert. In **Nr. 91** drehte sich das Mühlrad bis 1909 – hier ist Baubestand ab 1743 erhalten – und in **Nr. 120** bis 1919: Die sogenannte **»Zweite Waisenhausmühle«** wurde zwar im Barock modernisiert, einzelne Teile datieren aber bis zurück ins Jahr 1495.

Das **»Weiße Haus«** (Heiligenbergstraße 6–8) wurde 1928 vom Bauhausarchitekten Ernst Trömmler (Gera) für die Orchideenzüchterin Paula Deetjen entworfen. Der langgestreckte, zweigeschossige Massivbau wurde mehrfach umgebaut und erhielt schließlich Klappläden, die nicht zum Bauhaus-Stil passen.

Das Areal auf dem **Heiligenberg** ist fußläufig (ab Friedenskirche ca. 2,8 m bergauf) oder mit Auto oder Bus (ab der Tiefburg) zu erreichen. Archäologische Funde belegen eine Nutzung des Geländes seit der Jungsteinzeit. Bereits in der Eisenzeit galt der Berg als bedeutender Siedlungsplatz. Die Kelten sicherten im 5./4. Jh. v. Chr. eine Fliehburg mit zwei trocken geschichteten Ringwällen, die 2 bzw. 3 km maßen und eine besiedelte Fläche von über 52 ha umschlossen.

Michaelskloster und Stephanskloster: An der Stelle des Michaelsklosters befand sich zur Römerzeit ein Merkurheiligtum. Eine karolinische Aberinsburg wurde hier ebenfalls vermutet. Um 870 gründete der Lorscher Abt Thiotroch eine dem Erzengel Michael geweihte Kirche, die Abt Reginbald von Lorsch zwischen 1018 und 1033 zur Propstei ausbaute. Eine bedeutende Handschrift, das *Psalterium vom Heiligenberg* (zweites Viertel des 11. Jh.s; heute Vatikanische Bibliothek) zeugt neben den Bauresten von der hohen Bedeutung des Klosters. 1094 errichtete Abt Anselm von Lorsch ein zweites Kloster in unmittelbarer Nähe und widmete es den Heiligen Stephan und Laurentius. 1232 gelangten beide Klöster an den Mainzer Bischof. Ab 1886 führte der Architekt und Archäologe Wilhelm Schleuning am Michaelskloster erste archäologische Untersuchungen durch; später folgte eine Teilrekonstruktion. In den 1960er und 1970er Jahren wurden Fragmente gesichert und die polygonalen Westtürme mit verkleidetem Stahlbetonkern bzw. betoniertem Ringanker wiederhergestellt. Westlich davon befinden sich Reste diverser Bauten und Grablegen, die ein frühes Pilgeraufkommen vermuten lassen. Zwischen beiden Türmen liegt die Westkrypta (1981 unter dem Archäologen Peter Marzolff und dem Architekten Bert Burger wieder eingewölbt). Im leicht nach Süden knickenden Ostchor findet sich eine weitere (heute offene) Gruft mit der Grabplatte des aus Hirsau vertriebenen Abts Friedrich († 1070), der in Speyer als Heiliger verehrt wurde. St. Michael stellt sich so als dreischiffige Basilika mit zwei Krypten, Vorhalle und Querhaus dar, deren Kreuzgang und Klausurgebäude sich im Osten an den Chor anschließen. Die Kirche war verputzt und vermutlich mit Wandmalereien ausgestattet. Um 1460 wurde die Anlage weitgehend zerstört, aber nachher vollständig wiederaufgebaut. Der nördliche Kreuzgang war überwölbt, die Sockel der Wandstreben sind erhalten. Seit 1537 gilt die Benediktinerabtei als aufgegeben, St. Stephan seit 1560. Von diesem wesentlich kleineren Kloster haben sich nur Grundmauern erhalten, die auf eine dreischiffige Pfeilerbasilika mit großer Hauptapsis schließen lassen. Auch hier findet sich ein Grab: Hazecha, Gemahlin Ricfrieds, wünschte in St. Stephan begraben zu werden – man vermutet um 1100.

Der **Aussichtsturm** mit Blick über den Neckar wurde 1885 errichtet, zum Teil aus Steinen beider Klöster.

1934–35 griffen die Nationalsozialisten die sakrale Wirkung des Terrains auf und errichteten zwischen beiden Klosterruinen eine **Thingstätte** als monumentale Freilichtbühne mit dem Grundriss einer Schildlaus (Architekt: Reinhard Alker). Rund 1200 Verpflichtete des »Reicharbeitsdiensts« schufen das Amphitheater, das von Joseph Goebbels eingeweiht wurde und als eines von 400 geplanten »Kultstätten des nationalsozialistischen Glaubens« dienen sollte (Goebbels wurde 1922 in Heidelberg von dem jüdischen Literaturwissenschaftler Max Freiherr von Waldberg mit der Benotung »rite superato« [ausreichend] zum Dr. phil. promoviert und erhielt 1939 den Ehrenbürgerbrief der Stadt). Die 56 Zuschauerreihen, durch die sich neben den Außenstiegen drei Treppenaufgänge ziehen, fassen etwa 8000 sitzende oder 20 000 stehende Personen. Das rückwärtige Bühnengebäude mit zwei Freitreppen diente zur Aufstellung eines Chores.

Am unteren südlichen Hang des Heiligenberges verläuft der **Philosophenweg** (I A–C1, Aufgang von der Bergstraße in Neuenheim, I A1). Er erhielt seinen Namen Anfang des 19. Jh.s, wurde ab 1834 ausgebaut und bietet die schönste Aussicht auf die Heidelberger Altstadt und das Schloss. Seit 1900 wird er von anspruchsvoller Wohnbebauung gesäumt. Drei Aussichtspunkte sind mit Gedenksteinen Joseph von Eichendorff, Liselotte von der Pfalz und Friedrich Hölderlin gewidmet. Früher diente der Hang hauptsächlich dem Weinbau, und seit 1996 gibt es wieder eine Rebanlage (»Heidelberger Sonnenseite«): An rund 4000 Stöcken auf 24 Terrassen mit etwa 70 m Höhenunterschied reifen Riesling- und Spätburgunder-Trauben. Der Weg selbst führt 5,8 km am Hang entlang (Fußweg ca. 90 Minuten) durch Laub- und Nadelwald zum Maisbach, an dem entlang ein Weg ins Tal hinab zum Stift Neuburg führt.

Stift Neuburg (Stiftweg 2) ist das letzte noch existierende, von Mönchen geleitete Kloster Heidelbergs. Seine Gründung datiert auf 1130. Ab 1165 als Benediktinerabtei dem Kloster Lorsch unterstellt, wurde es 30 Jahre später Nonnenkloster. Infolge der Reformation wurde es 1562 aufgehoben, doch 1672 als »Adeliches Fräulein und Jungfern Stifft« wiedereingerichtet. Zu Beginn des 18. Jh.s übernahmen die Jesuiten das Kloster. Säkularisiert 1804, erwarb der Frankfurter Rat und Goethe-Freund Johann Friedrich Heinrich Schlosser das Stift 1825 und etablierte mit seiner Frau Sophie einen Literaten- und Künstlertreffpunkt. Seine Bibliothek war umfangreich: Carl Maria von Weber und seine Freunde fanden darin das *Gespensterbuch* (von August Apel und Friedrich Laun) – die Geschichte vom »Freischütz« darin inspirierte Weber zu seiner Oper. Gäste des späteren Besitzers Alexander von Bernus (ab 1865) waren Rudolf Steiner, Stefan George, Karl Wolfskehl, Hermann Hesse, Rainer Maria Rilke und Klaus Mann. 1926 erwarb die Erzabtei Beuron das Anwesen, und benediktinische Mönche bewirtschaften das Kloster bis heute.

Bauinschriften ab 1477 zeigen eine rege Tätigkeit, 1672 wurde die Anlage mit Kapelle und zahlreichen Nutzgebäuden aber von Grund auf erneuert. Heinrich Hübsch nahm 1825 Teilabbrüche und tiefgreifende Umbauten vor, auch an der **Klosterkirche**. Diese wurde 1926 um ein nördliches Seitenschiff erweitert. Über eine Wendeltreppe ist eine zweite, spätgotische Kapelle erreichbar. 1957–60 wurde der Chor nach Osten erweitert (2011 modernisiert). Der Kapellenbau ist einschiffig mit Satteldach sowie Westturm mit Dachreiter. Die fünf Chorfenster mit *Christus* in der Mitte, flankiert von *Maria* und *Benedikt*, wurden von Valentin Peter Feuerstein in den 1960er Jahren gestaltet. Maria Theresia von Fürstenberg entwarf die abstrakten Fenster des Hauptkirchenschiffs (2011). Bedeutend ist der spätgotische Grabstein für Äbtissin Katharina († 1526), Tochter von Kurfürst Philipp dem Aufrichtigen. Will Sohl gestaltete 1959 die großen Wandfenster der Brüderkapelle. Die Orgel stammt von der Firma Johannes Klais (1962).

Die Klosteranlage umfasst zudem mehrere Wirtschaftsgebäude aus alter Zeit, einen Gästetrakt, die Unterkünfte der Mönche sowie eine Gastwirtschaft. Das Eingangstor mit der Jahreszahl 1727 wird von einem mittelalterlichen Befestigungsturm flankiert.

Schlierbach

Auf der anderen Neckarseite befindet sich die Orthopädische Klinik, deren historische Substanz (Grundsteinlegung 1918) größtenteils erhalten ist und deren **Skulpturenpark** (Schlierbacher Landstraße 200A) mit ca. 30 Werken u. a. von Bernhard Heiliger, Karl Hartung oder Klaus Horstmann-Czech internationales Renommee genießt.

Westlich davon ist der **Wolfsbrunnen** ein auch vom Schloss aus gut zu erreichendes Ausflugsziel: Seit dem 18. Jh. kamen zahlreiche Heidelberg-Reisende hierher. Die Anlage geht auf Friedrich II. zurück, der ein Lusthaus mit Brunnen er-

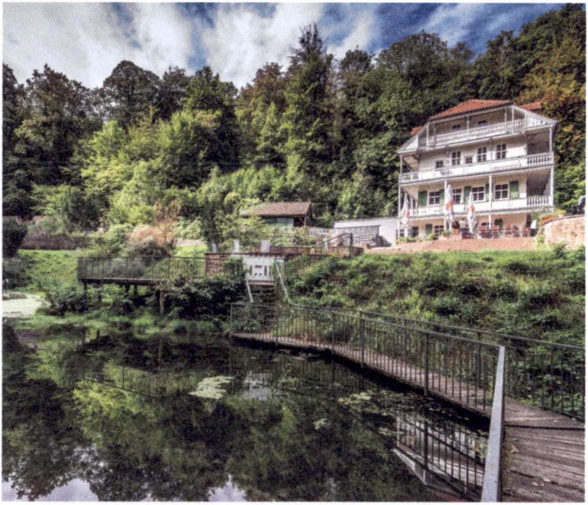

Der Wolfsbrunnen in Schlierbach

richten ließ. Ihre Bezeichnung ist aber älter und bezieht sich auf den Wolfsjäger des Kurfürsten. 1822 wurde ein dreistöckiges Haus im Schweizerstil errichtet und als Gasthaus genutzt (Neueröffnung 2015). Schon Martin Opitz fasste die Sage von der Seherin Jette, die hier von Wölfen zerrissen worden sein soll, in Worte. Literarisch bedeutsam für das 19. Jh. wurde der Platz aber durch einen Roman von August Lafontaine (1795): Heinrich von Kleist und Joseph von Eichendorff besuchten ihn daraufhin, später kamen auch Oskar Kokoschka sowie Otto von Bismarck, und Octavio Paz und Hilde Domin trafen sich an diesem idyllischen Ort 1980 mit dem Verleger Siegfried Unseld.

Bergheim

Dieser Stadtteil südlich des Neckars und westlich der Altstadt gehört zu den ältesten des heutigen Stadtgebiets. Vom Bismarckplatz aus führt die Bergheimer Straße nach Westen als Verbindungsweg nach Mannheim. Bereits vor der ersten Erwähnung im *Lorscher Codex* 769 war der Platz auf dem Schwemmfächer des Neckars von Kelten, Römern und Merowingern besiedelt. Von Ersteren zeugt der »Keltenkopf«, der hier gefunden wurde (heute im Kurpfälzischen Museum). Die Römer sicherten den Flussübergang, eine nicht mehr vorhandene romanische Kapelle und andere Siedlungsreste datieren ins 6./7. Jh. Im Mittelalter wurde das Terrain agrarwirtschaftlich genutzt. Architekturreste gibt es kaum, nicht nur weil Hochwasser lokalisierbare Freihöfe fortrissen, sondern auch, weil die Bergheimer Bevölkerung nach Streitigkeiten um 1400 in die westliche Vorstadt (Plöck) umgesiedelt wurde und ihre Häuser verfielen. Einen Aufschwung erlebte der Stadtteil mit der industriellen Entwicklung im 19. Jh., als sich zahlreiche Fabriken an der hier in die Stadt einfahrenden Bahnlinie ansiedelten sowie Hotelbauten um die Bahnhöfe entstanden. Zum Teil noch erhaltene Gebäude geben bemerkenswerte Beispiele von Industriearchitektur ab: Vor allem Tabakartikel, Bier und Zuckerwaren wurden hier hergestellt, aber auch die Heidelberger Druckmaschinen, die Fuchs'sche Waggonfabrik (später in Rohrbach) und HeidelbergCement (Werk später in Leimen; neue Verwaltungszentrale erbaut von Albert Speer + Partner 2021 in Neuenheim) haben hier ihren Ursprung und ließen in der Nachbarschaft zugleich größere Wohnkomplexe entstehen. Frühe Klinikbauten sowie Bäder (Erschließung einer Radiumsolquelle 1918) kamen hinzu.

Entlang der **Bergheimer Straße** (I A3) reihen sich in bunter Folge drei- bis vierstöckige Wohn- und Geschäftshäuser im

Stilgemisch aus Neorenaissance, Spätklassizismus und Jugendstil.

Das **Altklinikum** (Klinik, Voßstraße) wurde nach Plänen von Wilhelm Waag und Franz Schäfer 1869–79 zum Neckarufer hin gebaut und wird noch heute – freilich modernisiert – genutzt: Im Gelände verteilt liegen 16 Patienten- und Versorgungsbauten in einem System von Pavillons, Blockbauten und Baracken. Das Projekt war seinerzeit umstritten, konnte aber mit Blick auf ähnliche Großkliniken in Berlin, Rotterdam und Paris schließlich auf freiem Terrain durchgesetzt werden. Leitgedanke war die Vermeidung von Infektionen durch ausreichende Durchlüftung, Weiträumigkeit, hygienische Organisation und Technik, wobei die Pavillons teilweise mit Korridoren oder offenen Laubgängen verbunden wurden. Für die Gestaltung der zwei- bis dreistöckigen Einzelbauten wählte Waag spätklassizistische Stilmittel und Details des Schweizer Stils. Die Augenklinik an der Bergheimer Straße ist mit Sandsteinfassade aufwendiger gestaltet. 1886 folgte die Chirurgie II, 1891–94 entstanden Operations- und Hörsaalbauten nach Plänen von Josef Durm, 1896–98 erweiterte Julius Koch die Neue Medizinische Klinik in grauem Naturstein. Die Strahlenklinik des Chirurgen Vincenz Czerny (Voßstraße 3) entstand als erstes Krebsforschungszentrum Deutschlands im Jahr 1901. An der Psychiatrischen Klinik (Voßstraße 4), die 1875–78 von Waag und Schäfer als langgezogener, zweigeschossiger Hauptbau mit drei einzeln stehenden Gebäuden und umgeben von Grünanlagen errichtet wurde, entstand die von Karl Wilmanns 1909 begründete und von Hans Prinzhorn seit 1919 erweiterte Sammlung mit Bildwerken von Psychiatriepatienten, die nach der Publikation im Jahr 1922 weltberühmt wurde und die moderne Malerei wesentlich beeinflusste. Dieser besondere Schatz wird heute in der **Sammlung Prinzhorn** ♦ aufbewahrt, einem Museum, das 2001 einen freistehenden Pavillon in der Voßstraße 2 bezog. Der Museumsbestand umfasst ca. 20 000 Zeichnungen, Aquarelle, Gemälde, Skulpturen, Textilien und Texte.

◆ Das **Alte Hallenbad** (Bergheimer Straße 45) ist ein Schmuckstück des Jugendstils, erbaut 1903–06 von Franz Sales Kuhn. Es war das erste Projekt des damals knapp 40-jährigen Architektur-Quereinsteigers und das erste öffentliche Hallenbad Heidelbergs. Es zeigt im Innern prunkvollen Jugendstil gepaart mit Elementen der Neorenaissance (Bildhauerarbeiten von Eugen Mezger). Zwei getrennte Schwimmhallen wurden mit Eisenbetonkonstruktionen in Monierbauweise überdacht; diese Form der Einwölbung entwickelte der Architekt speziell für dieses Bad. Daneben gab es Dampf- und Wannenbäder, ein Lichtbad sowie ein Hundebad. 1981 wurde der Badebetrieb eingestellt; viele Teile der Originalausstattung blieben erhalten. Die Umgestaltung zum Einkaufszentrum (2010–13) war nach langem Leerstand von zahlreichen Protesten begleitet. Heute
◆ sind hier das **Körperwelten Museum** (S. 178) des Anatoms Gunther von Hagens sowie ein Veranstaltungsort im »Frauenbad«, Supermarkt und Restaurants untergebracht.

Das **ehemalige Städtische Arbeitsamt** (das von der Straße rückversetzte Gebäude Bergheimer Straße 69; heute Bürger- und Ordnungsamt), 1925–30 von Oberbaurat Fritz Haller geplant, steht stilistisch an der Schwelle zur Moderne. Die stringente Paargliederung von sechs Fensterachsen und umlaufenden Horizontalbändern sowie die asymmetrisch eingefügten Zugänge zeigen Vorbilder des Neuen Bauens. Die Innenausstattung ist vollständig original erhalten.

Die Heidelberger **Aktienbrauerei** wurde 1885–86 vom »Güldenen Schaf« (Hauptstraße 113) hierher verlegt: Die Gebäude für Brauerei und Mälzerei in der Bergheimer Straße 89/91 wurden unter Leitung von Friedrich Müller bis 1927 erstellt. Das an der Straße stehende, klassizistische Gasthaus mit drei Stockwerken und niedrigem Attikageschoss unterscheidet sich stark vom Comptoirgebäude mit seinen reichen Formen (1894). Das rückversetzte Sudhaus mit großem Gärkeller ist in zartem Jugendstil gestaltet; auch hier ist der Farbwechsel von Klinker und Sandstein charakteristisch. 1951 wurde aus der Aktienbrauerei die Schlossquellbrauerei, und 1998/99 zog die Produktion in den Pfaffengrund um. In Bergheim verblieben Verwaltung, Gaststätte und Wohnnutzung.

Bei der **Albertus-Magnus-Kirche** auf dem Marktplatz gegenüber griff Franz Sales Kuhn 1927–28 moderne Tendenzen auf. Der äußerlich schlichte Backsteinbau mit quadratischem Turm orientiert sich an der Neuen Sachlichkeit. Von der Innenausstattung sind das Wandgemälde von Rudolf Kaufhold von 1961 und die restaurierte Orgel des Heidelberger Orgelbauers Willy Dold von 1938–47 bedeutend: Sie ist das älteste original erhaltene Kircheninstrument der Stadt.

Die **Landfried'sche Tabakfabrik** (Bergheimer Straße 147) wurde 1810 in der Hauptstraße 86 gegründet und 1898–1900 hierher verlegt. Typisch für damalige Fabrikareale (Architekt: Philipp Thomas), befinden sich hier nicht nur Produktions- und Verwaltungsgebäude, sondern auch das repräsentative Wohnhaus des Direktors im Stil eines Landhauses (Eingangsbereich Bergheimer Straße). Das große Gelände wird bestimmt von viereinhalbgeschossigen, großen Backsteingebäuden, deren Fassaden durch farblich hellere Fenstergewände, Ecklisenen und Wandvorlagen strukturiert werden. Die kleinere Remise ist als Backstein-Fachwerkbau mit geschnitzten Giebeln versehen und hofseitig als ehemaliges Fahrzeugdepot leicht auszumachen (heute Restaurant). Der ganze Komplex spiegelt den Erfolg des Firmengründers Philipp Jakob Landfried (1788–1850) und seiner Erben. Bis zu 2000 Menschen waren hier beschäftigt. Die Umnutzung des Geländes für Kultureinrichtungen, Gastronomie, Theater, Clubs und Büros erfolgte ohne architektonische Neuerungen oder Erweiterungen. Seit 2021 ist hier auch das **Zentralarchiv der Geschichte der Juden** angesiedelt.

Der Städtische **Betriebshof** und das **Straßenbahndepot** schließen sich an (Nr. 153), deren historische Gebäude vormals als Schlachthof dienten (1892–93 von Stadtbaumeister Otto Ehrmann entworfen – lediglich das Tor-Ensemble ist original erhalten).

Das **Städtische Elektrizitätswerk** von 1899–1900 (Kurfürstenanlage 42 / Gaswerkstraße 2) zählt zu den beeindruckendsten Zeugnissen der Industriearchitektur an der Wende zum 20. Jh. Es lieferte den Strom nicht nur für Privathaushalte und Straßenbeleuchtung, sondern ab 1902 auch für die elektrifizierte Straßenbahn der Stadt. Aus technischen Gründen schon 1931 stillgelegt, fungiert es bis heute als Verwaltungsgebäude. Die Stadtseite des Bauwerks ist als vielgliedrige Schauarchitektur konzipiert, die zweifarbige Akzente im Stil eines wirkungsvollen Historismus setzt. Die einzelnen Gebäudeteile dienten unterschiedlichen Funktionen und sind entsprechend divers gearbeitet, wobei die Rundbögen der Fensteröffnungen eine romanische Konstante bilden. Die gerundete Ecke des Eingangsportals ist neben Stadtwappen und gemeißeltem Schriftzug mit Jugendstil-Ornamentik geziert. Sie gibt dem Bauwerk als Illusion eines Turms einen burgähnlichen Charakter, dem die Treppengiebel des Nachbarbaus auch gotische Akzente verleihen.

♦ **Print Media Academy:** Der transparente Kubus dominiert den Willy-Brandt-Platz vor dem Hauptbahnhof. Entlang der Mittermaierstraße wird er vom 13 m hohen *S-Printing Horse* des Künstlers Jürgen Goertz (er bestückte auch den Gläsernen Saalbau des Schlosses neu; s. S. 129–132) akzentuiert. Die Heidelberger Druckmaschinen AG, der weltgrößte Hersteller von Druckmaschinen, ließ das ungewöhnliche Glashaus mit 37 m

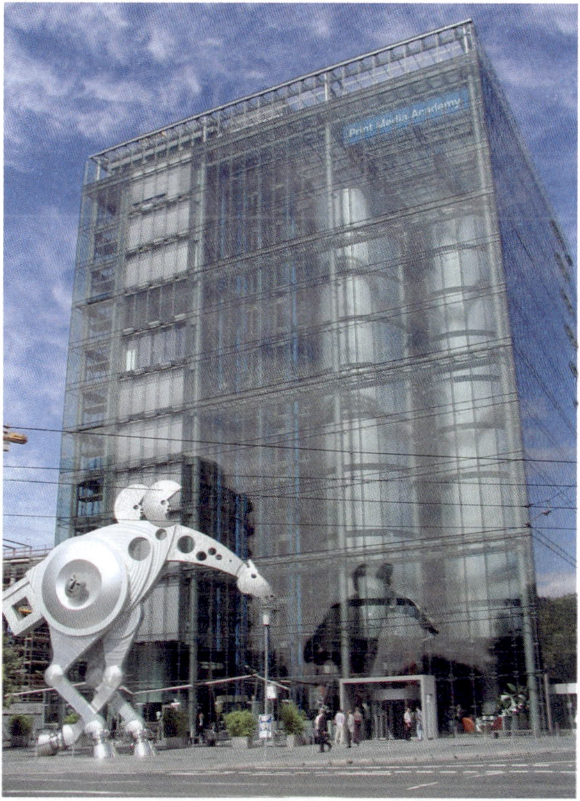

Die Print Media Academy (ab 1998) mit *S-Printing Horse* von Jürgen Goertz vor dem Hauptbahnhof

Kantenlänge und einer Höhe von 50 m ab 1998 von Hensel-Bechtloff-Partner und H. J. Schröder / H. P. Stichs bauen. Es wurde 2000 vom damaligen Bundeskanzler Gerhard Schröder eingeweiht. Der Entwurf basiert auf der Haus-im-Haus-Idee und betont einzelne Bauteile: so die zylindrisch übereinander angeordneten Büroräume – sie symbolisieren riesige Druckwalzen – oder die wasserumspülte rote Eiform des Hörsaals im Untergeschoss. Das 13. Obergeschoss beherbergt ein Restaurant. Das Gebäude wurde 2002 mit dem Preis des Deutschen Stahlbaus ausgezeichnet. Inzwischen wurde es mehrfach verkauft.

Der **Hauptbahnhof** wurde 1955 von Bundespräsident Theodor Heuss eingeweiht und ersetzte die Mitte des 19. Jh.s entstandenen Bahnhöfe am Rand der Altstadt, die daraufhin vollständig demontiert wurden. Der Entwurf war schon in den 1930er Jahren favorisiert worden, konnte aber erst nach dem Zweiten Weltkrieg seiner Bestimmung zugeführt werden. Er stammt von Helmuth Conradi und Heinz Dutschmann. Die Empfangshalle ist über einen gelenkartigen Treppenturm mit anderen Gebäudeteilen verbunden. Ihre beidseitig siebenteilige, großzügige Verglasung mit mittig sitzender Uhr macht sie sofort als solche kenntlich. Im Nachkriegsdeutschland wurde hier erstmals das Ideal einer transparenten, leichten Bauweise mit Glas und Beton verwirklicht, die viele Nachahmer fand und sich auch in der gegenüberliegenden Print Media Academy spiegelt. Besonders bei Sonnenuntergang entwickelt diese Halle höchst wirkungsvolle Reize. Ihre jeweils ca. 142 m^2 großen Kopfwände schmücken ein farbiges Sgraffito von Josef Karl Huber (*Helios auf dem Sonnenwagen*, 1955) im Süden und ein neueres »Mural« des Künstlerduos PichiAvo (2020) mit Bezug auf Zeus und Ganymed über dem Nordausgang. Ein existierendes Untergeschoss wurde nie genutzt, soll aber künftig erschlossen werden. Die tageslichtdurchflutete, dreiseitig verglaste Gleiszugangshalle, die als Brücke quer über die Schienenanlagen geht, entspricht mit elegant geschwungenem Spannbetondach, ebenso wie die noch erhaltenen Teile der originalen, vogelähnlichen Gleisüberdachungen selbst, dem ästhetischen Ideal der 1950er Jahre. Heute verbindet sie den Verkehrsknotenpunkt Willy-Brandt-Platz und den Bahnhof mit dem neuen Stadtteil Bahnstadt jenseits der Gleise.

Bahnstadt

Der neue Stadtteil wurde nach der Stilllegung des Güterbahnhofs 1997 geschaffen: als Wohn- und Gewerbegebiet mit besonderem Energiesparkonzept (»Passivhaus«), mit neuem Campus, Kongresszentrum, Hotels und öffentlichen Einrichtungen sowie Grün- und Freiflächen. Mehrere Wettbewerbe

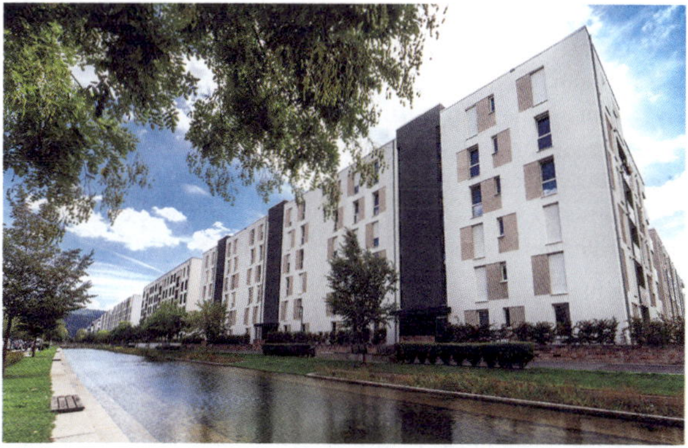

Die Heidelberger Bahnstadt (ab 2008) wurde als Passivhaus-Siedlung mehrfach ausgezeichnet.

waren dazu ausgeschrieben worden, die Internationale Bauausstellung (IBA) »Wissen | schafft | Stadt« (2012–22) unterstützte mehrere Projekte. Auf einem Gelände von ca. 116 ha Fläche entstand die damals größte Passivhaussiedlung der Welt. Die ersten Arbeiten begannen 2008, die ersten Bewohner konnten 2011 einziehen. Heute leben rund 7000 Menschen hier, und etwa genauso viele arbeiten in der Bahnstadt. Seinen Restenergiebedarf deckt der Stadtteil mit Fernwärme aus erneuerbaren Energien sowie thermischen Solaranlagen. Er wurde so zum weltweiten Vorzeigeobjekt für klimaneutrales Bauen. Das innovative Straßenbeleuchtungssystem der Bahnstadt erhielt bereits 2013 den Auroralia Award, der »Passive House Award« folgte 2014, und ein Jahr später kamen der »Global Green City Award« sowie der Preis der Initiative »Deutschland – Land des Langen Lebens« hinzu. Die *New York Times* würdigte das Klimakonzept und sah den neuen Stadtteil als Beispiel für zukunftsweisende Stadtentwicklung.

Allerdings erfuhr das Bauprojekt auch herbe Kritik: »Investorenarchitektur« dieser Art, mit aneinandergereihten, würfelförmigen Vielfamilienhäusern, weckte gar Erinnerungen an sozialistische Plattenbauweisen. Solchem Vorwurf widersprechen jedoch die individuell gestalteten Fassaden. Der breite Wasserkanal im Langen Anger erfüllte zunächst auch nicht seinen Zweck im Mikroklima des Stadtteils und musste nach Algenbefall teuer reaktiviert werden. Schließlich waberte die Bahnstadt als »gescheitertes Modell« klimaneutralen Bauens (Deutschlandfunk) durch die Republik, als Anwohner ihre Wohnungen während einer Hitzewelle mit energiefressenden Klimaanlagen nachrüsten mussten. Für Heidelberg aber, wo Wohnraum immer Mangel war, ist das Projekt nach Anfangsschwierigkeiten dennoch zum Erfolg geworden. So wurde im Jahr 2020 jede zweite neue Wohnung in der Stadt hier bezogen. Der Modellcharakter dieser Siedlung ist unübersehbar, auch wenn die architektonische Gestaltung letztlich diskussionswürdig blieb. Bei späteren städtischen Großprojekten wie der baulichen Umformung der Konversionsflächen – Heidelberg war über Jahrzehnte eines der Verwaltungszentren der amerikanischen Streitkräfte in Europa – versuchte man aus den Fehlern der Bahnstadt-Konzepte zu lernen und bevorzugte größere architektonische Abwechslung und mehr Grünflächen.

In der Bahnstadt wurde übrigens kein eigenes Kirchengebäude geplant: Der Stadtteil kommt mit einem Sakralraum im Erdgeschoss eines Wohnblocks am **Hans-Georg-Gadamer-Platz** aus. Dieser bildet das Herz der Bahnstadt – der Philosoph (1900–2002) hat lange Zeit in Heidelberg gelebt und gelehrt. Die 8300 m² Fläche wurden vom Büro KUULA Landschaftsarchitekten bis 2017 gestaltet. Bürgerhaus, Schule und Sporthalle am Kopfende des Platzes wurden vom Stuttgarter Architekten Peter Donn entworfen.

Heidelberg Village: Die architektonische Umsetzung des mit ca. 15 000 m² – verteilt auf 162 Wohneinheiten und Gewerbe – relativ kleinen Carrés im Westen der Bahnstadt wurde dem Freiburger Architektenteam um Wolfgang Frey anvertraut. Mit begrünten Doppelfassaden und »vertikalen Gärten« avancierte es schnell zum innovativen Aushängeschild des Stadtteils. Frey gilt als Vorreiter nachhaltigen Bauens und ist weltweit tätig.

Das **SkyLabs**-Ensemble am Ostende (Max-Jarecki-Straße 8), mit Büro- und Laborgebäude der Architektengruppe Claus Fischer, ist eines der optisch auffallendsten Bauprojekte der Bahnstadt: Dieser Komplex ist Mittelpunkt des Campus II und mit neun Stockwerken Höhe und stark auskragenden, versetzten Obergeschossen zum weithin sichtbaren Wahrzeichen des Stadtteils geworden. ◆

Der **Luxor-Filmpalast** (Nähe Czerny-Brücke) gilt als erster

Filmpalast in Passivhaus-Bauweise. 15 Kinosäle auf drei Stockwerken können gleichzeitig bespielt werden.

Zum historischen Erbe des früheren Bahngeländes gehören neben den alten **Stellwerken** an der Promenade (erbaut 1914; saniert 2021) auch der **Tankturm** (erbaut 1925–27; saniert 2015) und das **Betriebswerk** an der Nordseite des Viertels: bedeutende technische Baudenkmäler regionaler Verkehrsgeschichte. Die privaten Investoren Simon Koch und Victor Lopez (Stellwerke) bzw. die Architektengemeinschaft Stefan Loebner & Armin Schäfer (Tankturm, Betriebswerk) haben sie aufwendig für Gewerbetreibende und Kulturinstitutionen nutzbar gemacht. Auch die **halle02**, eine ehemalige Güterhalle am Zollhofgarten, wurde aufwendig als Kulturraum instandgesetzt.

Der **Europaplatz** bildet das Zentrum der Bahnstadt, mit fünf angrenzenden Gebäuden mit Büro- und Wohnflächen sowie Gastronomie-, Hotel- und Einzelhandelsnutzung – allesamt errichtet nach Passivhausstandard. Eines dieser Gebäude ist das Neue Kongresszentrum des Schweizer Büros Degelo Architekten mit seiner rötlich gefärbten, wellenförmigen Fassade sowie einem großen, 1800 Besucher fassenden Saal und einem kleineren mit 800 Plätzen. Das Gebäude mit seinem offen gestalteten Haupteingang prägt den Blick auf die Bahnstadt vom Bahnhof aus und ist von dort aus für Kongressteilnehmer gut zu erreichen. Integriert werden soll auch ein öffentliches Restaurant mit Außenbewirtschaftung.

Speyerer Straße: Beim Stadteingang aus Richtung Schwetzingen setzt die außen schwarze **Neue Feuerwache** des Architekten Peter Kulka (2007 als erstes Passivhaus fertiggestellt) einen markanten Akzent, wie auch das **Business Development Center Heidelberg** des Architekten Lukas Hampl mit runden Ecken und asymmetrisch geknickter Bumerang-Form. Am südlichen Rand gehört zudem die neue **Großsporthalle**

Am südlichen Rand gehört zudem die neue **Großsporthalle** mit zur Bahnstadt, die Architektur Concept und Turkali Architekten für bis zu 5000 Zuschauer konzipierten: Die Fassade mit gerundeten Ecken ist im unteren Bereich verglast, im oberen besteht sie aus Metallkassetten und hat den Anspruch, durch Wärmerückgewinnung, eigene Stromerzeugung und großflächige Fotovoltaik-Anlage auf dem Dach ein »Energie-Plus-Gebäude« zu sein.

Weststadt

Die sich im Süden an die Bahnstadt anschließende Weststadt wurde 1872 als Neubaugebiet erschlossen und entstand im Wesentlichen bis zum Ersten Weltkrieg, also innerhalb nur weniger Jahrzehnte. Bis heute wirkt es als ein architektonisch geschlossenes Ganzes, wenngleich die bevorzugten historisierenden Baustile (zuzüglich Jugendstil) äußerst vielfältig sind. Der Reichtum der Formen legt die ganze Bandbreite des Historismus dar und ist wohl auch ein Beleg für die Sehnsucht der Heidelberger nach der verlorengegangenen mittelalterlichen Stadt: Die hier am häufigsten zitierten Baustile sind Gotik, Romanik und Renaissance – der Einfluss der etwa zeitgleich angestrebten Schloss-Rekonstruktion ist evident. Vom großen Wohnkomplex über die herrschaftliche Villa bis hin zum öffentlichen Bau und zum Sakralraum: Dies alles – und selbst Industriearchitektur – findet sich in der Weststadt. Oft sind Innenausstattung, zum Teil auch Anbauten und Gärten erhalten. Einige Objekte stammen von den Heidelberger Architekten Fritz Seitz, Julius Koch oder Franz Sales Kuhn.

Der zentrale **Wilhelmsplatz** ist 1886 vor der bemerkenswerten neoromanischen Kirche **St. Bonifatius** (1899–1903; Architekt: Ludwig Maier) angelegt worden, die **Landhaus-**

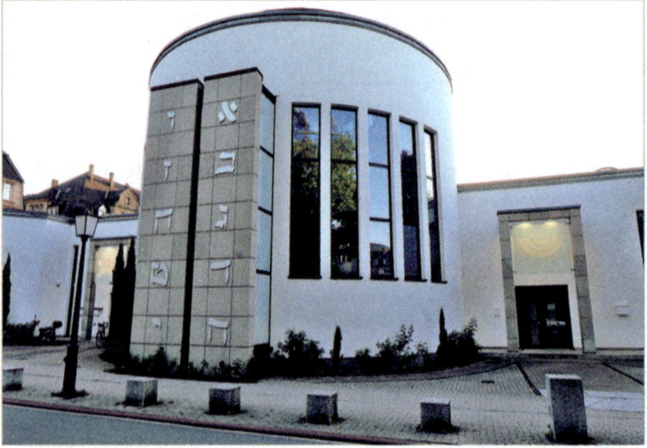

Die Neue Synagoge (1994 eingeweiht, Alfred Jakoby) in der Weststadt

schule wurde 1884–86, das **St. Josefskrankenhaus** 1889 gebaut (Architekt: E. Krause; moderne Anbauten). Die im Stil der Neogotik mit Elementen des Jugendstils errichtete evangelische **Christuskirche** entstand mit Pfarrhaus 1900–04 nach Plänen von Hermann Behaghel und ist samt zeitgleich gebauter Orgel der Firma Walcker sowie Verglasungen und Gestühl fast komplett authentisch erhalten.

Als einer der ganz wenigen modernen Bauten dieses Stadtteils – mit Ausnahme neuerer Verwaltungs- und Justizgebäude in der Bahnhofstraße – ist die **Neue Synagoge** (I A3) von Alfred Jakoby (Häusserstraße 12; Einweihung 1994) hervorzuheben. Den runden Kuppelbau zieren die ersten zehn hebräischen Buchstaben, die für die zehn Gebote stehen. Der Innenraum ist in blaues Licht getaucht, die großen Fenster hat der Londoner Glaskünstler Brian Clarke gestaltet.

Südstadt

Der Bereich wurde ab 1920 als Wohngebiet unterhalb des Bergfriedhofs ausgewiesen und entlang des Berghangs (Panoramastraße) auch in neuerer Zeit größtenteils mit Privatvillen und -häusern bebaut. Die katholische Pfarrkirche **St. Michael**, entworfen von Manfred Schmitt-Fiebig 1960–63 (Kirschgartenstraße 35), sowie die Ende der 1930er Jahre erbaute **Kaserne** (später US-amerikanisches Nato-Hauptquartier Campbell Barracks) und das **Mark Twain Village** sind architektonisch interessant – ihre Neugestaltung wurde in den 2020er Jahren begonnen.

Der **Bergfriedhof** (Steigerweg 20) wurde von Johann Metzger nach dem Vorbild englischer Landschaftsgärten 1842–44 außerhalb der Stadt angelegt. Die Kapelle baute Julius Greiff 1842 im Stil des romanischen Klassizismus. Der Parkcharakter wurde bei Erweiterungen des Friedhofs beibehalten. Zahlreiche bedeutende Persönlichkeiten fanden hier ihre letzte Ruhe – unter ihnen der Soziologe Max Weber († 1920), Reichspräsident Friedrich Ebert († 1925), der Astronom Max Wolf († 1932), der Chemie-Nobelpreisträger Carl Bosch († 1940), der Dirigent Wilhelm Furtwängler († 1954) und die Dichterin Hilde Domin († 2006). Viele Grabmale wurden von bedeutenden Architekten und Bildhauern wie Peter Behrens oder Adolf von Hildebrand gestaltet.

Im Süden: Rohrbach, Emmertsgrund und Boxberg

Noch weiter im Süden, in Rohrbach, ist das klassizistische **Schlösschen der Markgräfin Amalie von Baden** (heute Teil der Thoraxklinik, Röntgenstraße 1) ein kleines, authentisch ausgestattetes Juwel.

Die Planung der Großsiedlung **Emmertsgrund** war in den 1970er Jahren von zahlreichen Diskussionen begleitet. Der in Heidelberg lebende Sozialpsychologe Alexander Mitscherlich war Fachberater in der Konzeptphase, und Ende der 1960er Jahre wurde mit dem Bau begonnen. Die Münchner Architekten Alexander von Branca und Fred Angerer entwarfen am Berghang eine durch Hochhäuser (bis 16 Geschosse) geprägte Wohnbebauung in leicht gestaffelter Anordnung für ca. 11 000 Menschen. Brücken und Stege verbinden die Häuser auf unterschiedlichen Ebenen. Bereits 1970 beklagten von Branca und Angerer erhebliche Abweichungen vom Ursprungskonzept durch eine von der Baugesellschaft beauftragte Rationalisierungsagentur. »Elementare Qualitäten wie die architektonische Differenzierung der Hochhäuser« sowie »großräumige Plätze für den kulturellen und sozialen Austausch« seien auf der Strecke geblieben. Mitscherlich verließ daraufhin 1974 die Gutachterkommission. Symptome eines sozialen Brennpunkts werteten den Emmertsgrund in den 1980er Jahren weiter ab – ungerechtfertigterweise, wie Experten meinen, und die Stadt förderte den Stadtteil ab den 1990er Jahren wieder. Heute gilt dieses Stadtviertel unter den ca. 7000 Bewohnern wieder als durchaus lebenswert. Der 63 m hohe Büroturm des **Sino German Hi-Tech Park** (Forum 7) von Burrok, Krumm & Partner (1990–92) – besser bekannt als »Langer Manfred«, benannt nach dem MLP-Gründer Manfred Lautenschläger, dessen Firma das Haus bauen ließ – bildet eine weithin sichtbare Markierung (es gibt in Heidelberg nur zwei weitere Hochhäuser: den Mengler-Bau am Adenauerplatz [S. 99] und seit 2004 den Science Tower der SRH am Westeingang der Stadt in Wieblingen – Letzterer fällt durch 54 m Höhe, eine ovale Grundform und eine verspiegelte Glashaut auf, die abends verschiedenfarbig beleuchtet wird).

Der benachbarte Stadtteil **Boxberg**, der erste neue Stadtteil nach 1945, birgt nicht nur Highlights moderner Sakralarchitektur, sondern auch eine Reihe von Terrassenhäusern des Architekten Jörg Herkommer (Sohn von Hans Herkommer) in der sogenannten »Waldparksiedlung«, die in den 1960er Jahren erschlossen wurde und modernes Wohnen umgeben von hohen Fichten ermöglichte. Als Konzept »Draußen wohnen« am Berghang griff die Terrassenbauweise Ideen aus der Schweiz auf und nutzte die natürliche Formgebung der Landschaft. Im Buchenwaldweg 2 dieser Siedlung befindet sich das Katholische Pfarrgemeindezentrum **St. Paul** (Buchwaldweg 2), das ◆ der Otto-Ernst-Schweizer-Schüler Lothar Götz plante. Er schuf damit das einzige Kulturdenkmal dieses Stadtteils: Funktionalistische Sichtbetonbauten gruppieren sich um ein offenes Atrium, wobei die Kirche als fensterloser Betonkubus

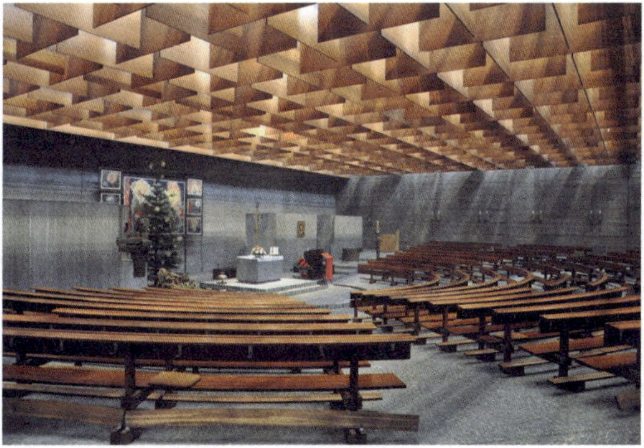

Der Innenraum der fensterlosen Kirche St. Paul (1970–72) auf dem Boxberg

(1970–72) mit stark vorgekippten Attikaplatten als Dachkranz zunächst irritierend abschreckend wirkt. Nur ein (später hinzugefügtes) Holzkreuz an der Außenwand gibt einen Hinweis auf die sakrale Nutzung dieses Bauwerks. In Form und Material ist es dem sogenannten »Brutalismus« zuzurechnen und verweist auf Le Corbusier. Zugleich aber ist dieser Bau eine Ehrenrettung der schon durch die Bezeichnung desavouierten Stilrichtung, der hier in der Umgebung der Hochhausarchitektur eine geradezu spirituelle Erhabenheit ausstrahlt. Der Innenraum wird über Sheddächer gleichmäßig beleuchtet, die Sitzbänke sind halbkreisförmig angeordnet. Die Decke reflektiert mit eingehängten Holztafeln das warme Tageslicht, was dem Raum eine ganz besondere Stimmung verleiht. Der Architekt verfolgte die Idee der Abgeschlossenheit von der Welt, ihrem Verkehrslärm und anderen Einflüssen in radikaler Weise und schuf einen in sich ruhenden, beeindruckenden Ort religiöser Besinnung, der in Heidelberg und Umgebung seinesgleichen sucht. Dabei folgte Götz in seinem überhaupt einzigen Kirchenbau den Überlegungen der Liturgischen Bewegung um Priester Romano Guardini und Architekt Rudolf Schwarz. Einen weiteren modernen Sakralbau auf dem Boxberg schuf Peter Horejs für die Evangelische Lukasgemeinde (Boxbergring 101): Die **Lukaskirche** wurde 2017 eingeweiht. Hier herrschen klare kubische Formen vor, wobei der Glockenturm, der bei St. Paul völlig fehlt, besonders hervorsticht.

Ausgewählte Ziele im Umland

Am **Vierburgeneck** in Neckarsteinach stehen vier mittelalterliche Burgen nah beisammen. Der Ort wurde Mitte des 12. Jh.s erstmals dokumentiert. Bligger II. von Steinach ist als Dichter und Sänger in der *Manessischen Liederhandschrift* abgebildet: Mancher hielt ihn gar für den Autor des Nibelungenlieds. Die älteste Hinterburg (Alt-Schadeck, um 1100) war 1142–65 in seinem Besitz, die Mittelburg (1165) sowie die Vorderburg (um 1200) wurden wohl von seinen Söhnen erbaut. Die jüngste, die Ruine »Schwalbennest«, entstand um 1230. Einzig die Mittelburg, die nach dem Vorbild des Heidelberger Schlosses im Stil von Neurenaissance und Neugotik mehrfach umgebaut wurde, ist heute noch bewohnt.

Das **Schwetzinger Schloss** wurde 1350 als Wasserschloss erstmals urkundlich erwähnt. 1427 kam es in den Besitz von Kurfürst Ludwig III., der es als Jagdschloss nutzte. Im Dreißigjährigen Krieg zerstört, ließ es Karl Philipp (Kurfürst 1716–42) für seine Geliebte Luise von Degenfeld wiedererrichten. Nach erneuter Zerstörung baute Johann Wilhelm (Kurfürst 1790–1816) die erhaltenen Grundmauern aus und vergrößerte sie durch Flügelbauten von Architekt Johann Adam Breunig: Das heutige Kerngebäude geht auf diesen zurück. Weitere Anbauten folgten. Karl Theodor (Kurfürst 1742–90) nutzte Schloss und Garten als Sommerresidenz. Der Garten wurde 1752 teils nach französischem, teils nach englischem Vorbild gestaltet und zählt heute zu den bedeutenden historischen Parkanlagen Europas. Im gleichen Jahr wurde auch das »Rokokotheater« im Nordzirkel eröffnet, das bis heute im Wesentlichen erhalten ist; nur das Bühnenhaus wurde nach 1945 erneuert, um einen gefahrlosen, modernen Spielbetrieb zu ermöglichen. Künstler des Mannheimer Hofs statteten in der Zeit Karl Theodors (Kurfürst 1742–90) die Räumlichkeiten aus und gestalteten die

Gartenanlage (doch nicht alles ist original erhalten): Der Architekt, Theateringenieur und Maler Alessandro Galli da Bibiena, die Bildhauer und Maler Peter Anton von Verschaffelt und Nicolas de Pigage sowie Hofgärtner Johann Ludwig Petri waren verantwortlich. Die Hofgärtner Johann Wilhelm Sckell und sein Sohn Friedrich Ludwig wurden später zur Gestaltung des Englischen Gartens nach München berufen. Seit 2007 zählen Schloss und Garten samt vorgelagertem Schlossplatz zum UNESCO-Weltkulturerbe.

Die **Parklandschaft** – umgangssprachlich als »Schlossgarten« bekannt – ist weitläufig und gliedert sich in einen französischen Teil mit kunstvollem Baum- und Heckenschnitt sowie einen englischen Landschaftsgarten mit Ausblicken in die umliegende Gegend. Zahlreiche kleine Tempel und bewusst erbaute »Ruinen« (Merkurtempel, Römisches Aquädukt) sind um einen großen See und andere Flussläufe verteilt. Eine der Besonderheiten ist die im Zeitgeschmack von 1778–85 – also nach den »Türkenkriegen« – erbaute Moschee mit Hof, dem ersten und größten Bau dieser Art in einem deutschen Park. Er sollte nicht liturgischen Zweck dienen, sondern ist eher als Theaterarchitektur zu sehen, doch in den 1980er Jahren wurde der Innenraum auch als Gebetshaus genutzt. Im Innenhof finden gelegentlich Opernaufführungen statt. Zu den berühmtesten Besuchern des Parks zählen Voltaire, die Familie Mozart, Christoph Willibald Gluck, Friedrich Schiller (der hier Anregungen zum »Aranjuez-Akt« in *Don Karlos* erhalten haben soll), August Wilhelm Iffland und Kaiser Joseph II. (inkognito als Graf von Falkenstein). In alten Wirtschaftsgebäuden des Parks sind Xylon-Museum und Werkstätten angesiedelt, ein Zentrum für bildende Kunst mit Schwerpunkt auf künstlerischer Hochdruckgrafik.

Die Hofkirche **St. Pankratius** (Schlossstraße 2a) steht außerhalb des Gartenterrains und ist ein Werk des kurfürstlichen

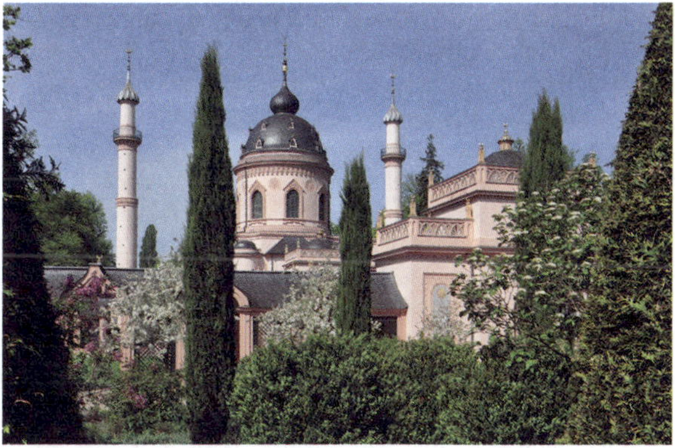

Die Moschee im Schwetzinger Schlossgarten stammt aus der Zeit nach den »Türkenkriegen« (1778–85).

Hofbaumeisters Sigismund Zeller (1727–39). Franz Wilhelm Rabaliati schuf 1755 einen neuen Turm, da der Vorgängerbau – die Pfarrei lässt sich bis 1305 zurückverfolgen – instabil geworden war. Nicolas de Pigage erweiterte 1763–65 das Kirchenschiff nach Westen. Die Innenausstattung wird der Werkstatt Paul Egells (1691–1752) zugeschrieben und ist fast komplett original erhalten, nur das das Altarbild, das Tabernakel und das Deckengemälde stammen aus dem 20. Jh. Die Hauptorgel wurde unter Verwendung eines Prospekts von 1767 von der Firma Mönch Orgelbau (2005) gefertigt.

Ladenburg zwischen Heidelberg und Mannheim bestand zuerst als keltische Siedlung. 74 n. Chr. gründeten die Römer hier Kastelle und ein Dorf. Trajan (röm. Kaiser 98–117) erhob »Lopodunum« zur Stadt. Um 220 sind Forum, Marktbasilika, Tempel, römisches Theater, Paläste und Stadtmauer nachweisbar. Mit einer Fläche von ca. 32 ha war Lopodunum die größte römische Stadt rechts des Rheins. Nach dem Ende der römischen Herrschaft 454 bestand sie als Zentrum der Region Lobdengau im Mittelalter fort.

Die gotische Kirche **St. Gallus** (Kirchenstraße 30) wurde ab 1240 als dreischiffige Basilika mit 7/12-Chor über der Krypta eines Vorgängerbaus vom Beginn des 11. Jh.s errichtet und 1485 vollendet. Umbauten und Vergrößerung mit neuer Fassade datieren in die Jahre 1860–70. Im Innern ist ein Kruzifix erhalten, das vor 1628 entstand. Die Kirchenfenster stammen von Valentin Feuerstein (1966/87). Die Sickingen-Kapelle enthält ein Epitaph der Familie. Die heutige Orgel stammt von der Firma Mönch Orgelbau (1998). Das bedeutende Vorgängerinstrument von Hoforgelbauer Andreas Krämer (1790) wurde in die unweit gelegene gotische Sebastianskapelle überführt und von hier 2018 an die Heidelberger Christuskirche verkauft, wo sie als Chororgel dient.

Die **Sebastianskapelle** (Amtshof), auf römischen und karolingischen Bauteilen basierend, war die ursprüngliche Hofkapelle der Bischöfe von Worms. Der romanische Glockenturm lässt sich auf ca. 1050 datieren. Der 5/8-Chor mit Sterngewölbe stammt aus dem 15. Jh. und ist mit pflanzlichen Ornamenten bemalt. Auch im Langhaus finden sich Fresken aus dem 15. und 16. Jh., die erst 1969 unter Putz wiederentdeckt wurden, darunter ein *Weltgericht*, Heilige und Apostel. Hervor sticht der *Hl. Sebastian* in Kleidung eines Edelmanns aus der zweiten Hälfte des 15. Jh.s. Eine andere Darstellung als Märtyrer wurde 1874 abgeschlagen. Die drei Altäre stammen von 1737. Zur Ausstattung gehören auch mehrere Epitaphe, etwa die Platte über einer Geheimgruft des Wormser Bischofs und Hochmeisters des Deutschen Ordens Ludwig Anton von Pfalz-Neuburg. Die Sebastianskapelle wurde 2017 profaniert.

Ladenburg steht heute als Gesamtanlage mit zahlreichen römischen Resten unter Denkmalschutz. Zahlreiche **Fachwerk-**

häuser, etwa um den Marktplatz, sind aus dem 15. bis 18. Jh. erhalten. Zur Stadtgeschichte finden sich Informationen im Lobdengau-Museum (ehemaliger Bischofssitz; Amtshof 1). Als besondere Baudenkmale gelten darüber hinaus der Kettenheimer Hof als Adelshof des 16. Jh.s. (Metzgergasse 7) sowie das **Wohnhaus von Carl Benz** (Dr.-Carl-Benz-Platz 2) – der Autoerfinder hat lange Jahre in Ladenburg gelebt und starb dort 1929. Auch das **Automuseum Dr. Carl Benz** (Ilvesheimer Straße 26) ist ihm gewidmet.

Weinheim an der Bergstraße wird von der Burgruine Windeck sowie der Wachenburg flankiert und trägt daher auch den Namen »Zweiburgenstadt«. Im *Lorscher Codex* findet sich 755 eine erste Erwähnung des Fleckens. Weinheim war mehrfach Zufluchtsort der Heidelberger Kurfürsten: Nach der Zerstörung Heidelbergs verlegte Kurfürst Johann Wilhelm 1698 seinen Hof, die Universität und die Münze hierher, und Ottheinrich suchte hier zwischen 1747–51 Schutz vor Gläubigern und der Pest, die in Heidelberg wütete.

Die Geschichte des **Weinheimer Schlosses** oberhalb von Markt und Kirche geht bis auf die Kurfürsten Ruprecht III. und Ludwig III. zurück, die hier 1403 und 1423 mehrere Anwesen kauften. Ein Teil des Baus datiert ins Jahr 1537. Der Südflügel wurde von der Familie Ulner von Dieburg beauftragt (1725), die von Dalbergs ließen ihn 1780 klassizistisch umbauen. Freiherr von Venningen und seine Gemahlin Jane Digby bewohnten den Trakt um 1835 und empfingen hier Honoré de Balzac und andere. Ein Zwischenbau und der 39 m hohe Schlossturm, der dem gotischen Blauen Turm in Bad Wimpfen nachempfunden ist, wurden 1868 von Freiherr von Berckheim errichtet, der auch den nahen Park mit exotischen Bäumen und anderen seltenen Gewächsen anlegte.

Die dreischiffige **Basilika St. Laurentius** am Marktplatz schuf Ludwig Maier 1910–14 im Stil der Neuromanik. Dieser

Stil war bereits 60 Jahre zuvor von Heinrich Hübsch, der hier geboren wurde, beim Bau des 55 m hohen Kirchturms verwirklicht worden. Im Innern finden sich ein barocker Hochaltar von 1730 sowie bedeutende Grabmale.

Der vor der Freitreppe steil abfallende Marktplatz ist gesäumt von historischen Bauten (Altes Rathaus, Löwenapotheke) und führt geradewegs in das unten liegende **Gerberbachviertel**, das Fachwerkarchitektur ab dem 16. Jh. aufweist und als Carré meistenteils original erhalten ist. Hier bekommt man eine Vorstellung von der Wirkung der Heidelberger Altstadt vor den großen Bränden 1689 und 1693.

Ein Denkmal der Gründerzeit ist die **Peterskirche** (Grundelbachstraße 114) im Norden der Stadt: der letzte Kirchenbau Hermann Behaghels aus den Jahren 1910–12 mit auffälligem Burgencharakter. Stilistisch der Neuromanik verpflichtet, entfaltet sich im Innern reiner Jugendstil mit fantasievollen Ornamenten und bemerkenswerten Fensterflächen (*Bergpredigt*) sowie einer viermanualigen Orgel (Walcker, 1967) mit 61 Registern. Der Turm mit Galerieumgang ragt 32 m in die Höhe. Fresken und andere Reste der Vorgängerkirche aus dem 14. Jh. sind im **Stadtmuseum** (Amtsgasse 2) zu besichtigen.

Museen

Ägyptologisches Museum (Marstallhof 4, I B2): Die 1912 von dem Assyriologen und Ägyptologen Hermann Ranke angelegte Sammlung dokumentiert Leben und Glauben im pharaonischen Ägypten anhand von Objekten vor allem aus deutschen Grabungen.

Anatomische Lehrsammlung des Instituts für Anatomie und Zellbiologie (Im Neuenheimer Feld 307, s. Übersichtskarte): Präparate geben einen Einblick in die menschliche Anatomie und Körperfunktionen. Der Besucher erfährt zudem, wie diese anatomischen Präparate entstehen.

Antikenmuseum und Abgusssammlung des Archäologischen Instituts der Universität (Marstallhof 4, I B2): Der Philologe Georg Friedrich Creuzer (1771–1858) war einer der Gründungsväter der archäologischen Sammlungen der Universität Heidelberg, die auf das 1835 gestiftete Antiquarium Creuzerianum zurückgehen. Ab 1848 kamen weitere antike Originale sowie Abgüsse von Skulpturen hinzu. Heute handelt es sich um eine der größten archäologischen Universitäts-Lehrsammlungen Deutschlands. Die Abgüsse der großplastischen Bildwerke dokumentieren die Entwicklung von der griechischen Plastik bis in die römische Kaiserzeit. Kunst aus dem Mittelmeerraum bildet den Hauptschwerpunkt, wobei bemalte griechische und etruskische Vasen sowie Tonfiguren und -reliefs aus Griechenland, Italien, Zypern und Vorderasien den Kern der Sammlungen bilden. Keramik aus Troja und Funde aus Mykene und Kreta in Nachbildungen erweitern das Spektrum ab dem 4. Jt. v. Chr. bis in die Spätantike.

Bergbahn-und-Straßenbahn-Ausstellungsraum (Königstuhl 1): An der oberen Bergbahn-Station wurde der Maschinenraum der historischen Bergbahn zugänglich gemacht, und in einem Ausstellungsraum machen Objekte die Geschichte der Straßen- und Bergbahnen in Heidelberg (HSB) lebendig.

◆ **Blaue Heimat Museumswohnung** der GGH (Mühlingstraße 16; Dauerausstellung: Mühlingstraße 22): Wohnen wie vor hundert Jahren. Dauerausstellung zur Geschichte des Wohnungsbaus in Heidelberg.

Botanischer Garten (Im Neuenheimer Feld 340, s. Übersichtskarte): Der bereits 1593 gegründete Garten beherbergt heute etwa 10 000 zum Teil exotische Pflanzenarten. 90 % davon werden in Gewächshäusern gezogen. Besonders die Orchideen- und Bromelien-Sammlungen sowie die zurzeit größte europäische Kollektion von Trockenpflanzen Madagaskars verdienen Beachtung.

Carl Bosch Museum (Schloss-Wolfsbrunnenweg 46): Das Museum dokumentiert Leben und Arbeit des Heidelberger Chemie-Nobelpreisträgers von 1931 und Mitgründers der BASF und I. G. Farbenindustrie. Carl Bosch (1874–1940) forschte auch privat in vielfältigen Bereichen. Legendär sind etwa seine Käfer- und Schmetterlingssammlung. Auch für die Astronomie interessierte er sich, und er war Mitbegründer des Heidelberger Tiergartens.

Deutsches Apothekenmuseum im Ottheinrichsbau des Schlosses (I D2): s. S. 135.

Deutsches Tuberkulose-Archiv (Röntgenstraße 1, Thoraxklinik / Schlösschen Rohrbach, s. Übersichtskarte): Historische Fotos, Grafiken, pathologisch-anatomische Präparate und radiologische Aufnahmen sowie originale Schirmbild-Betrachtungsgeräte illustrieren die Geschichte der Tuberkulose-Forschung und frühen medizinischen Behandlung.

Deutsches Verpackungsmuseum (Hauptstraße 22, I A2): Kosmetikdosen, Getränkeflaschen, Waschmittelkartons – die Objekte, hauptsächlich aus dem 19. und 20. Jh., zeigen die Entwicklung der industriellen Warenverpackung. Einzelne der gezeigten Verpackungsgestaltungen gehen auf berühmte Künstler zurück und sind damit zugleich Zeugnisse der Kunst- und Designgeschichte. Das Museum ist das einzige seiner Art in Europa.

Dokumentations- und Kulturzentrum Deutscher Sinti und Roma (Bremeneckgasse 2): Seit 1997 wird auf fast 700 m² Ausstellungsfläche die Verfolgung der Sinti und Roma durch die NS-Ideologie dokumentiert. Einzelschicksale machen dieses bedrückende Thema lebendig.

Forum für Kunst (Heiliggeiststraße 21, I C2): Hier engagieren sich 120 Künstlerinnen und Künstler, unterstützt vom Kulturamt der Stadt Heidelberg, dem Land Baden-Württemberg und Fördermitgliedern. Gezeigt werden etwa zehn Ausstellungen jährlich, dazu gibt es einen Schülerwettbewerb, eine vorweihnachtliche Verkaufsaktion und einen städtischen Ausstellungstermin.

Friedrich-Ebert-Haus (Pfaffengasse 18, I C2): s. S. 67.

Füllhaltermuseum (Dossenheimer Landstraße 6): Die private Sammlung ist seit 2016 öffentlich zugänglich und dokumentiert die Region als Zentrum der Füllhalterindustrie in Deutschland.

Haus Cajeth – Museum für primitive Malerei / Outsider Art (Haspelgasse 12, I C2): s. S. 66.

Heidelberger Kunstverein (Hauptstraße 97, I B2): In einer großen lichten Halle inmitten der Altstadt zeigt der Heidelberger Kunstverein auf drei Etagen zeitgenössische Kunst. Das Gebäude des Architekten Dieter Quast wurde 1990 eröffnet und mit einer Plakette vom Bund Deutscher Architekten ausgezeichnet. 2009 erhielt der Kunstverein den ADVK-Art Cologne Preis für seine »hervorragende Ausstellungspraxis und Vermittlungstätigkeit«.

Heimatmuseen: Einige Stadtteile zeigen in Heimatmuseen Alltagsgegenstände aus mehreren Jahrhunderten (Neuenheim:

Lutherstraße 18; Kirchheim: Schäfergasse 5; Rohrbach: Rathausstraße 76; Ziegelhausen: Kleingemünder Straße 18).

◆ **Körperwelten Museum** (im Alten Hallenbad, Bergheimer Straße 45, s. Übersichtskarte): Plastinate menschlicher und tierischer Körper geben auf etwa 1000 m^2 Ausstellungsfläche einen Einblick in Anatomie und Körperfunktionen. Sie entstanden dadurch, dass das Zellwasser durch Kunststoff ersetzt wurde – die Körperteile behalten durch dieses Verfahren weitgehend ihr natürliches Aussehen, werden jedoch konserviert. Gunther von Hagens und Angelina Whalley haben die Ausstellung speziell für das Heidelberger Museum konzipiert.

Kurpfälzisches Museum (Städtische Kunstsammlung im Palais Morass; Hauptstraße 97, I B2): s. S. 85.

Landessternwarte / Haus der Astronomie (Königstuhl 12, s. Übersichtskarte): s. S. 138.

Museum für Geowissenschaften und **Paläontologisches Museum** sowie **Schausammlung des Mineralogischen Instituts** (Im Neuenheimer Feld 234 und 235, s. Übersichtskarte): Der berühmte Unterkiefer des Homo heidelbergensis, der 1907 in der Gemeinde Mauer (ca. 17 km südöstlich von Heidelberg) gefunden wurde und 500 000 bis 600 000 Jahre alt sein soll, ist der Aufhänger der Ausstellung über die sogenannte Mauerer Warmzeit. Gezeigt werden Großfossilien von z. B. Elefant, Flusspferd, Löwe und Bär. Weitere Themen sind die Evolution des Menschen sowie Minerale und Gesteine.

Museum für sakrale Kunst und Liturgie (Richard-Hauser-Platz, Jesuitenkirche 1, I C2): s. S. 74.

Papyrussammlung der Universität Heidelberg (Grabengasse 3–5, I C2): Die Sammlung wurde seit 1897 kontinuierlich aufgebaut. Ihren Schwerpunkt bilden etwa 5300 griechische und rund 3200 arabische Texte. Mit insgesamt ca. 11 000 originalen Papyri, Pergamenten, Hadernpapieren und Tonscherben (Ostraka) aus Ägypten ist die Heidelberger Institutssammlung neben ihrem Berliner und ihrem Kölner Pendant die größte in Deutschland.

Pathologisch-Anatomische Sammlung (Im Neuenheimer Feld 220/221, s. Übersichtskarte): Präparate einzelner Organe veranschaulichen deren Aufbau und Funktion sowie teils auch einzelne konkrete Krankheitsbilder. Die Schaukästen sind zu Organsystemen gruppiert. Die Objekte stammen aus Obduktionen bzw. der täglichen Diagnostik und wurden eigens für diese didaktischen Zwecke aufbereitet. In Teilen öffentlich zugänglich, kann die Sammlung im Rahmen einer Führung auch vollständig besichtigt werden.

Sammlung historischer Geräte und Schriftstücke der Fakultät Chemie und Geowissenschaften (Im Neuenheimer Feld 252, s. Übersichtskarte): Laborwerkzeuge, Mess- und Analysegeräte sowie Apparate, die sogar in Heidelberg entwickelt wurden, geben einen Einblick ins Chemielabor vom 19. Jh. bis in die 1970er Jahre. Der Besucher begegnet zudem berühmten Heidelberger Chemikern wie Robert Bunsen, Gustav Kirchhoff und Theodor Curtius – etwa über ausgestellte Abschriften einiger ihrer Briefe.

Sammlung Prinzhorn der Psychiatrischen Universitätsklinik (Voßstraße 2): s. S. 153.

Schlossmuseum im Friedrichsbau (I D2): s. S. 126.

Skulpturenpark (Schlierbacher Landstraße 200a, s. Übersichtskarte): Der Park besteht seit 1995 und hat sich zum bedeutenden Ort der Kunst im öffentlichen Raum entwickelt. Die Exponate der Dauerausstellung – Skulpturen, die seit der zweiten Hälfte des 20. Jh.s von bedeutenden deutschen und internationalen Bildhauern geschaffen wurden – werden im Garten und im Landschaftspark der Orthopädischen Universitätsklinik präsentiert. Daneben wird jährlich eine große Sonderausstellung mit Freilandplastiken veranstaltet.

Studentenkarzer in der Alten Universität (I C2): s. S. 34.

Stuhlmuseum (Plöck 16, Hinterhof, I B2): 2009 gegründet, gilt hier das Augenmerk vor allem dem Flecht- und Schreinerhandwerk. Gezeigt wird aber auch aktuelle Kunst zum Thema Sitzmöbel.

Textilmuseum Max Berk (Brahmsstraße 8): Die Sammlung in der ehemaligen evangelischen Kirche von Ziegelhausen – einem Bau von Johann Jakob Rischer aus dem Jahr 1733 – wurde 1978 von dem Heidelberger Fabrikanten Max Berk gegründet und gehört seit 2002 zum Kurpfälzischen Museum. Auf ca. 600 m² werden Objekte aus dem 19. und 20. Jh. gezeigt – u. a. Textilien aus Indien, Batiken aus Java, Ikats von Bali und peruanische Grabfunde sowie Quilts aus England und den USA. Bedeutend sind die Damenkostüme vom 18. bis ins 20. Jh. oder eine Sammlung von Puppenhäusern und -stuben. Regelmäßige Sonderausstellungen zeigen Textilkunst aus der ganzen Welt.

Universitätsbibliothek mit Handschriftensammlung im Manesseraum (Plöck 107–109, I C2): s. S. 79.

Universitätsmuseum (Alte Universität, I C2): s. S. 32.

Uruk-Warka-Sammlung des Instituts für Ur- und Frühgeschichte (Marstallstraße 6, I B2): Mit rund 7000 Objekten – Leihgaben des Deutschen Archäologischen Instituts an die Universität Heidelberg – handelt es sich um eine der größten Sammlungen mesopotamischer Artefakte in Deutschland. Die Funde, darunter Architekturteile, Skulpturen, Schmuck und Siegel bis hin zu Keilschriftzeugnissen, stammen aus Ausgrabungen des Deutschen Archäologischen Instituts in den 1950er und 1960er Jahren in Uruk (heute Warka, biblisch Erech), der wohl ältesten mesopotamischen Stadt – sie wird als Keimzelle der altorientalischen Hochkultur und Residenz von König Gilgamesch angesehen.

Völkerkundemuseum / Portheim-Stiftung (Hauptstraße 235, I D2): s. S. 56.

Anhang

Nachweis der Karten und Abbildungen

© Heidelberg Marketing: S. 33, 50, 68, 80, 86, 116 f., 145, 151, 159 (Fotos: Tobias Schwerdt); S. 40, 133 (Fotos: Achim Mende); S. 42 (Foto: Philipp Rothe); S. 90 (Foto: Peter Lorenz)

HüttenWerke: Karten auf S. 26 f. und in den Umschlagklappen.

Kurpfälzisches Museum: S. 113

Matthias Roth: S. 35, 45, 122, 164

Volker Römer: S. 106

Wikimedia Commons: S. 157 (RaBoe / CC BY-SA 3.0 [DE]); S. 167 (Christopher Jelen / CC BY-SA 3.0); S. 52, 82, 171

Weiterführende Informationen

Literatur

Benz, Richard: Heidelberg. Schicksal und Geist. Sigmaringen 1965.
Buselmeier, Michael: Der Untergang von Heidelberg. Roman. Frankfurt a. M. 1981.
– Literarische Führungen durch Heidelberg. Eine Kulturgeschichte im Gehen. Heidelberg 1991.
Caus, Salomon de: Hortus Palatinus. Die Entwürfe zum Heidelberger Schlossgarten [1620]. Nachdr. Worms 1980.
Chlumsky, Milan (Hrsg.): Das Heidelberger Schloß in der Fotografie vor 1900. Heidelberg 1990.
Cser, Andreas: Kleine Geschichte der Stadt und Universität Heidelberg. Leinfelden-Echterdingen 2007.
– Die großen Heidelberger Fässer. Fürstenprestige, wirtschaftliche Unvernunft und Untertanenprotest. Karlsruhe 2009.
Debon, Günther: Das Heidelberger Jahr Joseph von Eichendorffs. Heidelberg 1991.
Fink, Oliver: Kleine Heidelberger Stadtgeschichte. Regensburg 2005.
Fischer, Richard / Goetze, Jochen: Das Heidelberger Schloss. Heidelberg 1988.
Frese, Annette [u. a.] (Hrsg.): Der Winterkönig. Heidelberg zwischen höfischer Pracht und Dreißigjährigem Krieg. Remshalden 2004.
Gercke, Hans: Kirchen in Heidelberg. Regensburg 2011.
Giovannini, Norbert / Moraw, Frank (Hrsg.): Erinnertes Leben. Autobiographische Texte zur jüdischen Geschichte Heidelbergs. Heidelberg 1998.
Heinemann, Günter: Heidelberg. Heidelberg ²1984.
Hepp, Frieder: Matthaeus Merian in Heidelberg. Ansichten einer Stadt. Heidelberg ²1994.
– / Mumm, Hans-Martin (Hrsg.): Heidelberg im Barock. Der Wiederaufbau der Stadt nach den Zerstörungen von 1689 und 1693. Heidelberg 2009.
Hubach, Hanns (Hrsg.): Kurpfälzisches Skizzenbuch. Ansichten Heidelbergs und der Kurpfalz um 1600. Heidelberg 1996.

Kettemann, Rudolf: Heidelberg im Spiegel seiner ältesten Beschreibungen. Heidelberg 1986.
Landesamt für Denkmalpflege Baden-Württemberg (Hrsg.): Forschungen zum Heiligenberg bei Heidelberg. Forschungsgeschichte, Fundmaterial, Restaurierung. Stuttgart 2012.
– Denkmaltopographie Bundesrepublik Deutschland. Kulturdenkmale in Baden-Württemberg. Bd. 5.1/2: Melanie Mertens [u. a.]: Stadtkreis Heidelberg. Ostfildern 2013.
Ludwig, Renate / Marzolff, Peter [u. a.]: Der Heiligenberg bei Heidelberg. In: Führer zu archäologischen Denkmälern in Baden-Württemberg. Bd. 20. Stuttgart [2]2008.
Mittler, Elmar (Hrsg.): Bibliotheca Palatina. Heidelberg 1986.
– Heidelberg. Geschichte und Gestalt. Heidelberg 1996.
– / Werner, Wilfried (Hrsg.): Codex Manesse. Heidelberg 1988.
Müller, Bernd: Architekturführer Heidelberg. Bauten um 1000–2000. Hrsg. im Auftr. der Stadt Heidelberg von Peter Blum. Mannheim 1998.
Oesterreich, Carmen und Volker (Hrsg.): Heidelberg, wo es am schönsten ist. 77 Lieblingsplätze. Berlin 2006.
– 100 Heidelberger Meisterwerke. Heidelberg 2017.
Pape, Burkhard: Die Befestigungen am Heidelberger Schloß. Bau, Architektur und Funktion der Fortifikationen und die Geschichte der Belagerungen. Neckargemünd-Dilsberg 2006.
Prückner, Helmut unter Mitw. des Vereins Alt-Heidelberg (Hrsg.): Die alte Brücke in Heidelberg 1788–1988. Heidelberg 1988.
Rau, Karl Heinrich: Die vierzig Tage in Heidelberg. Erinnerungen an den badischen Aufstand im Sommer 1849. Ubstadt-Weiher 1999.
Roth, Matthias: Von Minnesang bis Hip-Hop. 1000 Jahre Musik in Heidelberg und der Kurpfalz. Mit einem Vorw. von Cornelius Meister. Heidelberg 2013.
Ruuskanen, Leena: Der Heidelberger Bergfriedhof. Kulturgeschichte und Grabkultur. Ausgewählte Grabstätten. Heidelberg 1992.
Salzer, Robert: Das Schloß gesprengt. Die Stadt verbrannt. Zur Geschichte Heidelbergs in den Jahren 1688 und 1689 und von dem Jahre 1689 bis 1693. Nachdr. der Ausg. von 1878 und 1879, komm. von Roland Vetter. Heidelberg 1993.

Schaab, Meinrad: Die Geschichte der Kurpfalz. 2 Bde. Stuttgart 1988/92.
Schwier, Helmut (Hrsg.): Botschaften aus Licht und Glas. Der Fensterzyklus von Johannes Schreiter in der Heidelberger Universitätskirche. Regensburg 2012.
Stanišić, Saša: Herkunft. Roman. München 2019.
Stein, Georg (Hrsg.): Die Insel im Wald. 300 Jahre Heidelberger Kohlhof. Heidelberg 2006.
Vogt, Heribert: Die Ruprecht-Karls-Universität Heidelberg im Aufbruch. Am glänzenden Fluss des Weltwissens. Heidelberg 2009.
Wacker, Heiko P.: Das Heidelberger Schloss. Burg – Residenz – Denkmal. Ubstadt-Weiher [u. a.] 2012.

Internetseiten

Infos über Sehenswürdigkeiten sowie für die Besichtigung und weiterführende Links zu einzelnen Institutionen oder Veranstaltern gibt es unter: www.heidelberg-marketing.de

Register

Zum Autor

MATTHIAS ROTH studierte Musikwissenschaften, Germanistik und Kunstgeschichte in Heidelberg und war schon während des Studiums Mitarbeiter einer wissenschaftlichen Ausstellung zur »Musik in Heidelberg 1777–1985« sowie als freier Journalist in Mannheim, Schwetzingen und Heidelberg tätig. Schwerpunkte seiner wissenschaftlichen Arbeit waren die »Mannheimer Schule« und die Musikgeschichte der alten Kurpfalz. 1984–2021 war er als Feuilleton-Redakteur der Rhein-Neckar-Zeitung in Heidelberg tätig und schrieb auch für andere Tageszeitungen sowie musikalische Fachzeitschriften. Zum 100. Geburtstag des Komponisten Wolfgang Fortner, der über 50 Jahre in Heidelberg lebte, verfasste Roth ein Buch mit Erinnerungen, Dokumenten, Hintergründen und Porträts seiner zahlreichen Schüler (*Ein Rangierbahnhof der Moderne*, Freiburg 2008). Ein zweites Buch befasste sich mit der ca. 1000 Jahre zurückreichenden Geschichte der Musik in Heidelberg und der heutigen Metropolregion (*Von Minnesang bis Hip-Hop*, Heidelberg 2013). Außerdem verfasste Roth mehrere Einzelporträts für das Loseblattlexikon *Komponisten der Gegenwart* (München, ab 2015).